Buchweizen Kochbuch

Die leckersten Buchweizen und Buchweizenmehl Rezepte für jeden Geschmack und Anlass

Luisa Hofinga

Email: info@edition-lunerion.de
www.edition-lunerion.de

Psiana eCom UG
Berumer Str. 44
26844 Jemgum

Vorwort

Buchweizen fristet hierzulande noch ein Schattendasein in der Öko-Vegan-Ecke, wird damit aber sträflich unterschätzt: Denn das Pseudogetreide ist nicht nur rundum gesund, sondern bringt mit zartnussigem Aroma und grenzenloser Verwendungsmöglichkeit Geschmack und Abwechslung in die Küche – und wie Sie das unscheinbare Superfood künftig öfter mal die Hauptrolle spielen lassen, zeigt Ihnen dieses kreative Kochbuch.

Für Menschen mit Glutenunverträglichkeit ist Buchweizen längst Trumpf, aber auch ohne Zöliakie profitieren Sie von dem gesunden Nährstoffwunder: Neben verschiedenen Vitaminen liefert Buchweizen nämlich auch Calcium, Selen und vieles mehr und punktet zusätzlich mit ordentlich Eiweiß. Darüber hinaus ist es natürlicherweise ein Vollkornmehl und so gibt es genug Gründe, die Gesundheitsbombe in Form von Mehl, Grieß, Graupen & Co. regelmäßig auf den Tisch zu bringen. Mit den Rezepten in diesem Buch wird das zum köstlich-raffinierten Kinderspiel, denn hier läuft der Buchweizen in Snacks, Broten, Hauptgerichten und sogar Desserts und Frühstücksideen zur Höchstform auf. Ob in Kombination mit Fleisch und Fisch oder als vegetarisch-vegane Leckerei – die vielfältigen Genuss-Ideen bieten eine Riesenauswahl für alle Vorlieben und eignen sich auch für die schnelle Feierabendküche!

Guten Appetit!

INHALT

Gerichte mit Fleisch 24

Gerichte mit Fisch 35

Vegetarische und vegane Gerichte 43

Allrounder: Buchweizen

Der Buchweizen, auch unter dem Namen Fagopyrum zu finden, ist entgegen vielen Annahmen, kein Getreide. Er gehört zu den Knöterichgewächsen und stammt ursprünglich aus dem Osten Afrikas sowie Eurasien und umfasst etwa 16 unterschiedliche Arten. Die bekannteste Art ist der Echte Buchweizen.

Als Pseudogetreide ist der Buchweizen besonders beliebt bei Menschen mit einer Glutenunverträglichkeit, denn seine Früchte sind glutenfrei, womit er neben dem Maismehl eine echte Alternative darstellt.

Als mehrjährige Pflanzen wird der Buchweizen mittlerweile in allen gemäßigten Gebieten angebaut, in China geschieht dies schon seit etwa 4500 Jahren.

Auch in Deutschland findet der Buchweizen, und das aus ihm gewonnene Buchweizenmehl, immer mehr Anklang. Neben dem Mehl kann Buchweizen aber auch zu Grieß, Grütze oder Graupen verarbeitet werden. Zu Weiterverwendung werden die Körner geschält. Da die Körner nicht aus unterschiedlichen Bestandteilen bestehen, können diese auch nicht weggelassen oder hinzugefügt werden. Dies macht das Buchweizenmehl zu einer Vollkornmehlsorte.

In vielen Ländern gibt es bereits Spezialitäten, für die das Buchweizenmehl klassisch ist. Der typische American Pancake, die bretonische Galette oder der bekannte Crêpe – sie alle profitieren von den Vorteilen des Buchweizens.

Das Buchweizenmehl zählt zu den Allroundern unter den Mehlen. Zwar hat es einen nussigen Geschmack, eignet sich aber neben pikanten Speisen auch für süße Gerichte. Somit ist dieses Mehl vielseitig einsetzbar und macht das Backen sowie das Kochen einfach.

Nicht umsonst zählt der Buchweizen zum sogenannten „Superfood", denn er ist nicht nur mit einer Zöliakie gut verträglich, sondern bringt auch sonst jede Menge Vorteile mit sich. Er ist reich an E- und B-Vitaminen und deckt etwa die Hälfte des Tagesbedarfs an Lysin, Selen, Calcium, Phosphor und Magnesium. Auch Kalium und Eisen sind enthalten, zudem liefert der Buchweizen Eiweiß, welches sogar 10 % der Gesamtmenge ausmacht. Wer etwa 200 g Buchweizen am Tag zu sich nimmt, kann damit seinen täglichen Gesamtbedarf decken. Im Bereich der Kohlenhydrate kann der Buchweizen dennoch mit den klassischen Getreidesorten mithalten, denn diese besitzt er zu etwa 70 % und steht den anderen damit in nichts nach.

Durch das fehlende Gluten wird das Buchweizenmehl beim Backen in der Regel mit anderen Mehlen kombiniert, denn das Buchweizenmehl ist dadurch weniger klebrig und hält Backwerke weniger gut zusammen. Die Mischung mit anderen Mehlen lässt aber dennoch viel Spielraum für leckere Brote, Kuchen, Waffeln oder Pfannkuchen.
Zusätzlich zu leckerem Gebäck kann das Buchweizenmehl prima als Panade für Fleisch und Fisch eingesetzt werden, als Soßenbinder dienen oder bei der Herstellung veganem Fleischersatz behilflich sein - die Einsatzgebiete sind weitreichend – aber sehen Sie selbst!

Frühstück

PORRIDGE MIT KOKOS UND BEEREN

2 Port.

8 Std.

Leicht

Zutaten

250 ml Haferdrink
2 EL geschrotete Leinsamen
1 kleiner Apfel
2 EL Haselnusskerne
¼ TL gemahlene Vanille
2 EL Kokosraspeln
150 g Buchweizen
1 TL Kokosöl
1 Banane
1 TL Zitronensaft
100 g Heidelbeeren
2 EL Ahornsirup

Nährwerte p. P.

674 kcal
89 g Kohlenhydrate
23 g Fett
14 g Eiweiß

1 Bedecken Sie die Buchweizen über Nacht mit Wasser und lassen Sie sie einweichen. Geben Sie sie anschließend in ein Sieb und spülen Sie sie gründlich ab. Lassen Sie sie abtropfen.

2 Geben Sie die Buchweizen jetzt mit dem Haferdrink in einen Topf und lassen Sie die Menge aufkochen. Rühren Sie Leinsamen und Kokosöl hinein und lassen Sie alles zusammen für 10 Minuten quellen.

3 Schälen Sie währenddessen die Banane und schneiden Sie sie in Scheiben. Waschen und vierteln Sie den Apfel, entfernen Sie das Kerngehäuse und schneiden Sie den Apfel dann in Spalten. Beträufeln Sie die Spalten mit dem Zitronensaft.

4 Rösten Sie die Haselnusskerne in einer Pfanne ohne Öl, hacken Sie sie anschließend. Waschen Sie die Heidelbeeren ab und lassen Sie sie abtropfen.

5 Geben Sie das Buchweizen-Porridge nun mit Ahornsirup und Vanille in die Schälchen. Garnieren Sie mit Banane, Apfel und Beeren, streuen Sie dann die Haselnüsse und die Kokosflocken darüber. Zuletzt garnieren Sie mit den Buchweizen.

BUCHWEIZEN-MÜSLI

2 Port.

50 Min.

Leicht

Zutaten

2 Tassen gemischte, gefrorene Beeren
1 Prise gemahlene Vanille
Etwas Bio-Reissirup
400 ml Milch nach Wahl
200 g Buchweizen

Nährwerte p. P.

310 kcal
21 g Kohlenhydrate
9 g Fett
7 g Eiweiß

1 Geben Sie die Buchweizen in einen Kochtopf und füllen Sie diesen mit Wasser auf, sodass die Buchweizen gut bedeckt sind. Salzen Sie das Wasser leicht. Stellen Sie den Herd auf die höchste Stufe und kochen Sie die Menge auf. Kocht das Wasser, stellen Sie den Herd auf die niedrigste Stufe, legen den Deckel auf und lassen die Buchweizen für etwa 15 Minuten köcheln.

2 Geben Sie jetzt die gefrorenen Beeren in einen Topf und erhitzen Sie sie bei geringer Hitze. Sobald die Beeren Flüssigkeit verlieren, geben Sie den Reissirup dazu. Kochen Sie die Menge erneut auf und stellen Sie die Beeren zur Seite.

3 Gießen Sie die Buchweizen ab und verteilen Sie sie auf zwei Schüsseln. Erwärmen Sie die Milch kurz in einer Mikrowelle und gießen Sie sie über die Buchweizen. Geben Sie dann den Beerenkompott darüber und garnieren Sie beide Mahlzeiten mit etwas Vanille sowie einem Kleks Reissirup.

MÜSLI-COOKIES

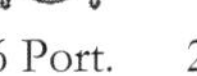

6 Port. 20 Min. Leicht

Zutaten

1 TL Backpulver
200 g Buchweizenmehl
200 g Müsli nach Wahl
2 Tropfen Zitronen-aroma
100 ml Milch
200 g Butter
200 g Zucker

Nährwerte p. P.

624 kcal
77 g Kohlenhydrate
31 g Fett
7 g Eiweiß

1 Kochen Sie zunächst die Butter mit dem Zucker in einem Topf auf, bis sich der Zucker auflöst. Löschen Sie die Menge mit der Milch ab und rühren Sie das Zitronenaroma hinein. Mischen Sie das Backpulver mit dem Mehl sowie dem Müsli und geben Sie die Buttermenge dazu. Rühren Sie alles zu einem Teig.

2 Bereiten Sie zwei Backbleche mit Backpapier vor und heizen Sie den Ofen auf 160° C Umluft vor. Geben Sie dann kleine Teigportionen mit einem Esslöffel auf die Bleche und backen Sie die Cookies für 12 Minuten im vorgeheizten Ofen. Lassen Sie die Cookies auf einem Gitter abkühlen.

FRÜHSTÜCKS-GUGELHUPF

8 Port.

1 Std. 10 Min.

Leicht

Zutaten

1 EL Rum
150 g Knusper-Schoko-Müsli
100 ml Sahne
1 Pck. Backpulver
250 g Buchweizenmehl
5 Eier
Etwas Orangenabrieb
1 Pck. Vanillezucker
250 g Butter
150 g Zucker

Zur Deko:
Etwas Müsli
Etwas weiße und schwarze Schokoglasur

Nährwerte p. P.

571 kcal
33 g Kohlenhydrate
16 g Fett
21 g Eiweiß

1 Geben Sie die Eidotter mit Rum, Orangenabrieb, Vanillezucker, Butter und Zucker zusammen und verrühren Sie die Menge gründlich. Vermischen Sie das Mehl mit dem Backpulver sowie der Sahne und heben Sie die Menge unter die Dottermischung. Rühren Sie dann das Müsli hinein.

2 Füllen Sie die Menge in eine gefettet Gugelhupf-Form und backen Sie sie für 60 Minuten bei 175° C Umluft. Lassen Sie den Gugelhupf auskühlen und garnieren Sie ihn mit dem Müsli sowie der Schokoglasur.

FRÜHSTÜCKS-MÜSLI-CUPCAKES

4 Port.

55 Min.

Leicht

Zutaten

Beeren und Müsli zum Garnieren
350 g Naturjoghurt
1 Prise Salz
2 Eier
½ TL Zimtpulver
200 ml Milch
70 g Rosinen
60 g Müsli nach Wahl
40 g Mandelstifte
150 g Zucker
2 TL Backpulver
100 g Mehl
100 g Haferflocken
100 g Butter
200 g gemischte Beeren, tiefgefroren

Nährwerte p. P.

300 kcal
18 g Kohlenhydrate
7 g Fett
7 g Eiweiß

1 Heizen Sie zunächst den Backofen auf 160° C Umluft vor. Schmelzen Sie die Butter und lassen Sie sie abkühlen. Verrühren Sie sie dann mit Milch, Eiern, Zimt, Salz, Zucker, Backpulver, Mehl und Haferflocken zu einem Teig.

2 Setzten Sie nun Papierförmchen in die Muffinmulden und füllen Sie den Teig gleichmäßig hinein. Geben Sie die Beeren sowie die Rosinen darauf und streuen Sie die Mandeln darüber. Backen Sie die Muffins für 25 Minuten im vorgeheizten Ofen.

3 Nehmen Sie die Muffins in den Papierformen hinaus, lassen Sie sie kurz abkühlen und streichen Sie den Joghurt darauf. Garnieren Sie zuletzt mit etwas Müsli sowie ein paar Beeren.

PISTAZIEN-MÜSLI-TOPPING

20 Port.

25 Min.

Leicht

Zutaten

50 g getrocknete Mandeln
25 g gehackte Pistazien
50 g gehackte Macadamia
150 g Vier-Kornflocken
100 g Butter
50 g Buchweizenmehl
2 Eier
1 Prise Salz
50 g getrocknete Cranberrys
1 Tl Backpulver
1 Pck. Vanillezucker

Nährwerte p. P.

109 kcal
9 g Kohlenhydrate
7 g Fett
2 g Eiweiß

1 Heizen Sie den Backofen auf 175° C Ober-/Unterhitze vor. Lassen Sie die Butter in einer Pfanne schmelzen und rösten Sie Pistazien, Macadamia, Kornflocken und Mehl darin an.

2 Schälen und würfeln Sie die Mango. Vermischen Sie das Backpulver mit Salz, Vanillezucker und Eiern und geben Sie die Menge mit den übrigen Früchten zu Pistazienmenge dazu.

3 Geben Sie die Masse löffelweise auf ein Backblech mit Backpapier und backen Sie alles für 15 Minuten goldbraun. Lassen Sie das Topping für Ihr Müsli auf dem Backblech abkühlen.

MÜSLI-PANCAKES

 4 Port.  1 Std.  Leicht

Zutaten

Etwas Ahornsirup
5 EL Öl
200 g Joghurt
2 TL Backpulver
1 El Zucker
1 Prise Salz
200 g Buchweizenmehl
100 g Müslimischung
400 ml Buttermilch
2 Eier
200 g Tierfkühl-Beeren

Nährwerte p. P.

540 kcal
73 g Kohlenhydrate
20 g Fett
17 g Eiweiß

1 Lassen Sie die Beeren auftauen. Verrühren Sie die Buttermilch mit den Eiern. Vermischen Sie das Backpulver mit Zucker, Salz, Mehl und Müsli. Geben Sie die Buttermilchmenge sowie 3 EL Öl und den Joghurt dazu. Verrühren Sie die Menge gut und lassen Sie sie 30 Minuten gehen.

2 Erhitzen Sie das übrige Öl in einer Pfanne und backen Sie die Pancakes nacheinander aus. Servieren Sie Ihre Pancakes mit Beeren und Ahornsirup.

Brote

BUCHWEIZEN-HEFEBROT

1 Laib 3 Std. Leicht

Zutaten

2 TL Salz
620 ml lauwarmes Wasser
750 g Buchweizenmehl
4 TL Trockenhefe
4 EL Sonnenblumenöl
3 EL gemischte Körner/Saaten (optional)

Nährwerte p. P.

788 kcal
39 g Kohlenhydrate
1 g Fett
6 g Eiweiß

1 Vermischen Sie zunächst alle trockenen Zutaten in einer Rührschüssel miteinander. Geben Sie das lauwarme Wasser unter Rühren nach und nach dazu und kneten Sie die Menge etwa 2 Minuten durch.

2 Geben Sie dann das Öl dazu und verkneten Sie es gründlich. Wenn Sie gerne Körner in Ihrem Brot haben möchten, dann kneten Sie diese ebenfalls jetzt unter. Kneten Sie alles für weitere 5 Minuten durch.

3 Fetten Sie jetzt eine Kastenform ein und fetten Sie diese gut ein. Heizen Sie den Backofen leicht vor, nicht wärmer als 50° C. Lassen Füllen Sie Ihren Teig in die Kastenform und decken Sie diese ab. Lassen Sie das Brot nun für 1 Stunde im Backofen gehen.

4 Nehmen Sie die Form aus dem Ofen und stellen Sie eine ofenfeste Schüssel mit Wasser in den Backofen. Heizen Sie den Backofen auf 220° C Ober-/ Unterhitze vor. Schneiden Sie den Teig längs etwa 1 cm tief ein und decken Sie ihn erneut ab. Ist der Backofen heiß, nehmen Sie die Abdeckung herunter und geben Die Form zurück in den Backofen. Reduzieren die Hitze auf 180° C und backen Sie Ihr Brot für 65 Minuten.

5 Anschließend lösen Sie das Brot gleich aus der Form und lassen es auf einem Gitter abkühlen.

BUCHWEIZEN-CHIA-BROT

1 Laib

2 Std.

Leicht

Zutaten

240 ml Wasser
3 TL Backpulver
160 ml Wasser
40 g Chiasamen
300 g Buchweizenmehl
1 TL Salz
60 ml Rapsöl
35 g Sonnenblumenkerne oder ähnliche Saaten/Kerne (optional)

Nährwerte p. P.

1464 kcal
63 g Kohlenhydrate
4 g Fett
9 g Eiweiß

1 Verrühren Sie zunächst 240 ml Wasser mit den Chiasamen und lassen Sie die Samen 20 Minuten lang quellen. Heizen Sie den Backofen auf 180° C Ober-/Unterhitze vor und fetten Sie eine kleine Kastenform ein. Legen Sie die Form zudem mit Backpapier aus.

2 Vermischen Sie das Mehl, Salz und Backpulver in einer Schüssel miteinander. Geben Sie die Chiasamen, das Öl sowie das übrige Wasser dazu und verrühren Sie die Menge zu einem Teig. Rühren Sie ihn jedoch nur sehr kurz, damit das Brot später gut aufgeht.

3 Geben Sie den Teig in die Form und streichen Sie ihn glatt. Streuen Sie nun die Sonnenblumenkerne darüber. Backen Sie Ihr Brot nun für 1 Stunde und 10 Minuten. Anschließend nehmen Sie es aus dem Ofen und lassen es in der Form abkühlen. Dann lösen Sie es aus der Form.

DINKEL-BUCHWEIZEN-BROT

1 Laib

1 Std.
15 Min.

Leicht

Zutaten

325 lauwarmes Wasser
250 g Dinkel-Vollkornmehl
50 g zarte Haferflocken
Je 50 g Sonnenblumenkerne und Kürbiskerne
50 g Leinsamen
½ Würfel Hefe
2 EL Apfelessig
100 g Buchweizenmehl
1 TL Jodsalz
1 TL Rapsöl
2 EL zarte Haferflocken zum Garnieren (optional)

Nährwerte p. P.

406 kcal
50 g Kohlenhydrate
13 g Fett
21 g Eiweiß

1 Lösen Sie zunächst die Hefe in lauwarmem Wasser auf, geben Sie den Apfelessig dazu und lassen Sie die Menge für 10 Minuten stehen.

2 Vermischen Sie währenddessen Leinsamen, Kürbis- und Sonnenblumenkerne, Jodsalz, Haferflocken und beide Mehlsorten. Geben Sie die Hefemischung dazu und rühren Sie alles mit einem Knethaken zu einem Teig.

3 Fetten Sie jetzt eine Kastenform mit Rapsöl ein, geben Sie den Teig hinein und streichen Sie ihn glatt. Schneiden Sie ihn mit einem Messer längs ein und verteilen Sie auch die 2 EL Haferflocken darauf.

4 Geben Sie die Form auf die mittlere Schiene und backen Sie es für 60 Minuten bei 200° C Ober-/Unterhitze im vorgeheizten Backofen. In den letzten 15 Minuten schieben Sie das Brot auf die untere Schiene und reduzieren die Hitze auf 190° C.

5 Nehmen Sie das Brot dann heraus und stürzen Sie es zum Abkühlen auf ein Gitterrost.

BRÖTCHEN OHNE HEFE

12 Port.

1 Std.

Leicht

Zutaten

1 Packung Weinsteinpulver
1 TL Salz
500 ml Mineralwasser mit Kohlensäure
500 g Buchweizenmehl
2 TL Pfeilwurzelstärke
50 ml Öl
100 g Sonnenblumenkerne

Nährwerte p. P.

248 kcal
49 g Kohlenhydrate
1 g Fett
9 g Eiweiß

1 Heizen Sie den Backofen auf 200° C Ober-/ Unterhitze. vor. Geben Sie alle trockenen Zutaten in eine Schüssel und vermischen Sie sie miteinander. Geben Sie dann nach und nach die feuchten Zutaten dazu und kneten Sie den Teig mit einer Maschine oder dem Knethaken gründlich durch.

2 Formen Sie den Teig zu 12 etwa gleichgroßen Bällchen und setzten Sie sie auf ein Backblech mit Backpapier.

3 Backen Sie ihre Brötchen für etwa 30 Minuten.

ZWIEBELBROT

1 Laib

2 Std. 10 Min.

Mittel

Zutaten

3 Eier
Etwas Salz
2 TL gemahlene Flohsamenschalen
1 EL Kümmelsamen
40 g Vollkornreismehl
100 g Maismehl
1 EL Zucker
½ Würfel Hefe
100 g Buchweizenmehl
3 EL Olivenöl
120 g rote Zwiebeln

Nährwerte p. P.

247 kcal
43 g Kohlenhydrate
2 g Fett
2 g Eiweiß

1 Legen Sie eine Kastenform mit Backpapier aus. Schälen und würfeln Sie die Zwiebeln und dünsten Sie sie in 1 EL Öl in einer Pfanne glasig an. Geben Sie die Zwiebeln anschließend auf etwas Küchenpapier und lassen Sie sie abkühlen.

2 Geben Sie 20 g Buchweizenmehl mit 60 ml lauwarmem Wasser, Zucker und Hefe für den Vorteig zusammen. Verrühren Sie die Menge und lassen Sie sie abgedeckt für 30 Minuten gehen.

3 Vermischen Sie das übrige Buchweizenmehl mit dem Reis- sowie dem Maismehl und sieben Sie alles in eine Schüssel. Zerstoßen Sie den Kümmel grob in einem Mörser.

4 Geben Sie jetzt das übrige Öl mit den Eiern, etwas Salz und den Flohsamenschalen zur Mehlmenge und verrühren Sie die Menge für 5 Minuten gründlich. Geben Sie dann den Vorteig dazu und verrühren Sie die Menge erneut gründlich. Anschließend rühren Sie die abgekühlten Zwiebeln hinein.

5 Füllen Sie den Teig in die Backform und lassen Sie ihn abgedeckt erneut für 30 Minuten gehen. Heizen Sie den Backofen derweil auf 185° C Umluft vor. Nehmen Sie das Brot aus dem Ofen und lassen Sie es in der Form abkühlen.

FRÜCHTEBROT

1 Laib

50 Min.

Leicht

Zutaten

290 ml Wasser
60 ml Öl
2 EL Kokosblütenzucker
110 g gemischte Samen
320 g gemischte Trockenfrüchte
220 g gemischte Nüsse
1 Prise Salz
1 TL Zimt
1 TL Backpulver
1 TL Backsoda
120 g Buchweizenmehl

Nährwerte p. P.

211 kcal
52 g Kohlenhydrate
11 g Fett
6 g Eiweiß

1 Heizen Sie den Backofen auf 180° C vor. Fetten Sie eine Kastenform ein und legen Sie sie mit Backpapier aus. Mischen Sie das Mehl mit Zimt, Salz, Backsoda und Backpulver.

2 Hacken Sie die Trockenfrüchte sowie die Nüsse und geben Sie beides, zusammen mit den Samen, zur Mehlmischung. Fügen Sie nun das Öl und das Wasser hinzu und verrühren Sie alles mit einem Löffel.

3 Füllen Sie den Teig in die Kastenform und bestreuen Sie ihn mit weiteren Samen oder Haferflocken. Anschließend backen Sie den Teig für 30 Minuten.

DINKEL-BUCHWEIZEN-BAGUETTE

 2 Port.
 50 Min.
 Leicht

Zutaten

2 TL Meersalz
1 Prise Zucker
¼ Würfel frische Hefe
300 ml lauwarmes Wasser
200 g Dinkelmehl
200 g Buchweizenmehl

Nährwerte p. P.

208 kcal
50 g Kohlenhydrate
1 g Fett
7 g Eiweiß

1 Lösen Sie zunächst die Hefe mit einer Prise Zucker im lauwarmen Wasser auf und lassen Sie die Mischung für 10 Minuten stehen. Vermischen Sie in der Zeit die Mehle mit dem Salz.

2 Gießen Sie dann das Hefewasser zum Mehl und kneten Sie alles zu einem gleichmäßigen Teig. Decken Sie den Teig ab und lassen Sie ihn an einem warmen Ort für 1 Stunde gehen.

3 Anschließend teilen Sie den Teig in 2 Portionen auf und formen diese zu Baguettes. Legen Sie die Baguettes auf ein Backblech mit Backpapier und backen Sie sie für 15 Minuten bei 220° C Umluft im vorgeheizten Backofen.

WEIZENMISCHBROT

1 Laib

2 Std.

Leicht

Zutaten

Für den Teig:
300 ml lauwarmes Wasser
2 TL Salz
125 g Buchweizenmehl
375 g dunkles Weizenmehl Type 1050

Für den Hefeansatz:
4 EL lauwarmes Wasser
1 TL Zucker
25 g frische Hefe

Nährwerte p. P.

225 kcal
12 g Kohlenhydrate
1 g Fett
1 g Eiweiß

1 Bereiten Sie zuerst den Hefeansatz vor. Geben Sie die frische Hefe mit dem Wasser sowie dem Zucker in eine kleine Schüssel und verrühren Sie die Menge. Streuen Sie dann 1 Prise Mehl darüber und decken Sie die Menge mit einem Tuch ab. Lassen Sie sie 15 Minuten lang stehen.

2 Geben Sie währenddessen das Buchweizen- und Weizenmehl zusammen und fügen Sie das Salz hinzu. Vermischen Sie die Menge gründlich und drücken Sie dann eine Mulde in die Mitte hinein. Füllen Sie nun den fertigen Hefeansatz in die Mulde. Kneten Sie dann alles, zusammen mit den 300 ml Wasser, zu einem geschmeidigen Teig.

3 Nehmen Sie den Teig aus der Schüssel, geben Sie ihn auf eine bemehlte Arbeitsfläche und kneten Sie ihn dort erneut durch. Legen Sie den Teig in die Schüssel zurück, decken Sie ihn ab und lassen Sie ihn gehen, bis sich die Teigmenge verdoppelt hat (etwa 1 Stunde).

4 Kneten Sie den Teig anschließend ein letztes Mal durch, formen Sie ihn dann zu einem Laib. Legen Sie den Laib auf ein Backblech mit Backpapier. Bepinseln Sie ihr Brot mit lauwarmem Wasser, streuen Sie etwas Mehl darüber und heizen Sie den Backofen auf 225° C Ober-/ Unterhitze vor.

5 Stechen Sie das Brot nun mehrmals mit einem Holzstäbchen ein und schieben Sie es in den Backofen. Geben Sie zusätzlich etwa 100 ml Wasser in ein hitzebeständiges Gefäß und stellen Sie es auf den Ofenboden. Backen Sie das Brot jetzt für 15 Minuten, reduzieren Sie die Hitze auf 190° C und backen Sie es für weitere 30 Minuten.

6 Anschließen lassen Sie das Brot auf einem Rost abkühlen.

GLUTENFREIES BUCHWEIZEN-MANDELMILCH BROT

1 Laib 40 Min. Leicht

Zutaten

½ TL Meersalz
½ TL Backnatron
2 EL Buchweizenmehl
120 g Buchweizenmehl
63 ml Olivenöl
125 ml Mandelmilch (alternativ Hafermilch)

Nährwerte p. P.

193 kcal
47 g Kohlenhydrate
2 g Fett
7 g Eiweiß

1 Heizen Sie den Ofen auf 180° C Umluft vor und bereiten Sie ein Backrost mit Backpapier vor. Vermischen Sie nun alle Zutaten (außer 2 EL Buchweizenmehl) in einer Schüssel miteinander und kneten Sie den Teig zu einer einheitlichen Masse. Lassen Sie den Teig dann für 5 Minuten andicken.

2 Formen Sie den Teig dann zu einem Laib und streuen Sie das übrige Mehl über die Oberfläche. Drücken Sie die obere Seite etwas flach. Backen Sie das Brot nun für 30 Minuten im vorgeheizten Backofen. Nehmen Sie das Brot aus dem Ofen und lassen Sie es abkühlen.

KNUSPER-BROT

1 Laib | 21 Std. | Leicht

Zutaten

1 ½ TL Meersalz
300 ml Wasser
Etwas Mehl zum Bestreuen
400 g Buchweizenmehl
½ TL frische Hefe
Mehl für die Arbeitsfläche

Nährwerte p. P.

265 kcal
49 g Kohlenhydrate
3 g Fett
9 g Eiweiß

1 Geben Sie das Mehl mit dem Wasser, der Hefe und dem Salz in eine Schüssel. Verrühren Sie die Menge nur so lange, bis der Teig eine Einheit bildet. Der Teig wird nicht geknetet. Decken Sie den Teig ab und lassen Sie ihn etwa 18 Stunden lang gehen. Anschließend sollte sich das Teigvolumen verdoppelt und der Teig Blasen geworfen haben.

2 Geben Sie den Teig nun mit einem Teighörnchen auf eine bemehlte Arbeitsfläche und falten Sie ihn 4 Mal. Falten Sie den Teig dann von oben, von unten, von links und von rechts bis zur Mitte hin und bringen Sie ihn dann schnell in eine runde Form.

3 Bemehlen Sie nun ein Leinentuch, legen Sie den Teig darauf und streuen Sie etwas Mehl auf den Teig. Bedecken Sie den Teig mit den Tuchenden und lassen Sie ihn so weitere 2 Stunden gehen.

4 Stellen Sie jetzt einen Gusseisentopf mit 4 Litern Fassungsvermögen mit Deckel auf ein Blech und schieben Sie es in das untere Drittel des Backofens der Ofen sollte auf 240° C Ober/ Unterhitze vorgeheizt sein. Sobald der Topf richtig heiß ist, geben Sie das Brot aus dem Leinentuch heraus in den heißen Topf und legen den Deckel rasch wieder drauf.

5 Backen Sie das Brot nun 30 Minuten lang, nehmen Sie dann den Topfdeckel herunter und backen Sie es für weitere 15 bis 30 Minuten. Nehmen Sie das Brot heraus und legen Sie es zum Abkühlen auf ein Kuchengitter.

SAUERTEIG-BROT

1 Laib

22 Std.

Leicht

Zutaten

100 g Sauerteig
700 ml Wasser
1 kg Dinkelmehl Typ 630
25 g Salz

Zudem:
100 ml Wasser
20 g Buchweizenmehl

Nährwerte p. P.

234 kcal
40 g Kohlenhydrate
4 g Fett
10 g Eiweiß

1 Bereiten Sie zunächst das Mehlkochstück vor, indem Sie 20 g Buchweizenmehl und 100 ml Wasser in einen Topf geben und die Menge aufkochen. Rühren Sie währenddessen mit einem Schneebesen und lassen Sie die Menge abkühlen, sobald sich Mehl und Wasser verbunden haben.

2 Geben Sie die übrigen Zutaten mit dem Mehlkochstück zusammen und verkneten Sie die Masse gründlich. Decken Sie den Teig ab und lassen Sie ihn 2 Stunden lang ruhen. Anschließend falten Sie den Teig 2-mal, im Abstand von 30 Minuten.

3 Legen Sie den Teig dann auf eine bemehlte Oberfläche und formen Sie ihn zu einem Laib. Bemehlen Sie nun ein Leinentuch und legen Sie dieses in eine Schale. Legen Sie das Brot hinein und bestäuben Sie es mit Mehl. Stellen Sie das Brot jetzt für 15 bis 20 Stunden in den Kühlschrank, wo es sein Volumen verdoppelt.

4 Anschließend stürzen Sie das Brot in einen Gusstopf und setzen den Deckel darauf. Stellen Sie den Topf in den kalten Backofen und backen das Brot für 80 Minuten auf 240° C Ober/ Unterhitze. Öffnen Sie dann Topf und lassen Sie das Brot im heißen Topf abkühlen.

OSTER-BROT

1 Laib | 2 Std. 45 Min. | Mittel

Zutaten

60 g Pistazienkerne
100 g Aprikosen-Konfitüre
Etwas Mehl für die Arbeitsfläche
300 g Marzipan
300 g getrocknete Aprikosen
1 Würfel Hefe
270 ml Milch
75 g weiche Butter
3 Eier
50 g Zucker
1 Pck. Vanillezucker
1 Prise Salz
200 g Buchweizenmehl
300 g Weizenmehl

Nährwerte p. P.

246 kcal
36 g Kohlenhydrate
9 g Fett
6 g Eiweiß

1 Geben Sie beide Mehle, Zucker, Salz und Vanillezucker zusammen und vermischen Sie die Menge. Fügen Sie die Butter in Flocken sowie ein Ei hinzu. Erwärmen Sie 250 ml Milch, geben Sie die Hefe hinein und warten Sie, bis sich die Hefe aufgelöst hat. Gießen Sie die Mischung auf das Mehl-Gemisch, kneten Sie die Menge zu einem geschmeidigen Teig und lassen sie den Teig abgedeckt für 45 Minuten gehen.

2 Würfeln Sie die getrockneten Aprikosen und raspeln Sie das Marzipan. Geben Sie Ei und Marzipan zusammen und mixen Sie beides zu einer cremigen Masse. Rühren Sie dann die Aprikosen hinein.

3 Kneten Sie Ihren Teig erneut und rollen Sie ihn zu einem Rechteck aus. Streichen Sie die Marzipan-Creme auf den Teig, lassen Sie etwa 2 cm an den Rändern frei. Rollen Sie den Teig von der kürzeren Seite her auf und legen Sie ihn mit der Naht nach unten auf ein Backpapier.

4 Schneiden Sie die Rolle dann waagerecht durch und verdrehen Sie beide Teile zu einer Kordel. Drücken Sie die Enden zusammen und legen Sie den Teig auf ein Backblech mit Backpapier. Lassen Sie den Teig erneut für 30 Minuten abgedeckt gehen.

5 Verquirlen Sie nun 1 Eigelb mit 2 El Milch und bestreichen Sie Ihr Brot damit. Backen Sie das Brot für 15 Minuten auf 175° C Umluft, reduzieren Sie die Hitze auf 150° C und backen Sie es für weitere 15 Minuten.

6 Erwärmen Sie währenddessen die Konfitüre und hacken Sie die Pistazien. Streichen Sie die Konfitüre auf der fertige, etwas abgekühlte Brot und streuen Sie die Pistazien darüber.

Gerichte mit Fleisch

PUTENFLEISCH MIT BUCHWEIZENSOẞE

4 Port.

30 Min.

Leicht

Zutaten

Etwas Salz und Pfeffer
1 EL hellen Soßenbinder
200 ml Sahne
200 ml Wasser
2 EL Öl
400 g Putenbrustfilet
250 g Buchweizen

Nährwerte p. P.

753 kcal
18 g Kohlenhydrate
7 g Fett
12 g Eiweiß

1 Braten Sie zunächst die Buchweizen mit 1 EL Öl in einem Topf an. Löschen Sie die Menge dann mit 100 ml Wasser ab und bringen Sie sie für 10 Minuten zum Köcheln. Schmecken Sie dann mit Salz ab.

2 Heizen Sie eine Pfanne vor und braten Sie das Putenfleisch beidseitig darin an. Löschen Sie die Menge mit dem übrigen Wasser sowie der Sahne ab. Schmecken Sie mit Pfeffer und Salz ab und geben Sie dann Buchweizenmenge dazu. Zuletzt binden Sie die Soße mit dem Soßenbinder.

BUCHWEIZENBROT MIT FLEISCHKÄSE

1 Port.

12 Std. 30 Min.

Leicht

Zutaten

1 Handvoll Frühlingszwiebeln
150 g Paprikaschote in Streifen
150 g gewürfelter Fleischkäse
100 g Öl
450 g Mineralwasser mit Kohlensäure
½ EL Salz
1 Prise Zucker
1 Pck. Backpulver
50 g gemahlene Sonnenblumenkerne
50 g gemahlener Amaranth
500 g Buchweizenmehl

Nährwerte p. P.

321 kcal
49 g Kohlenhydrate
12 g Fett
12 g Eiweiß

1 Bereiten Sie die Zutaten nach der Zutatenliste vor.

2 Verrühren Sie das Buchweizenmehl mit Amaranth, Sonnenblumenkernen, Backpulver, Zucker, Salz, Wasser und Öl. Heben Sie dann Frühlingszwiebeln, Paprika und Felsichkäse unter.

3 Bereiten Sie eine Kastenform mit Backpapier vor, geben Sie die Menge hinein und streichen Sie sie glatt. Stellen Sie die Form in den Backofen und schalten Sie ihn erst jetzt ein. Garen Sie alles für 90 Minuten bei 130° C Umluft. Anschließend lassen Sie das Fleischbrot über Nacht stehen und nehmen es erst am nächsten Tag aus der Form.

BRATLINGE MIT SPECK

3 Port.

3 Std. 40 Min.

Leicht

Zutaten

Etwas Fett zum Braten
Etwas Salz
50 g Buchweizenmehl
1 verquirltes Ei
Ein Schuss Olivenöl
4 TL Senfkörner
6 grob gemahlene Pfefferkörner
3 Scheiben frischer, ungeräucherter Schweinebauch

Nährwerte p. P.

402 kcal
43 g Kohlenhydrate
13 g Fett
16 g Eiweiß

1 Schneiden Sie die Fettschwarte von dem Schweinebauchscheiben mehrmals ein und klopfen Sie sie flach. Reiben Sie das Fleisch mit den Pfeffer- sowie den Senfkörnern von beiden Seiten und beträufeln Sie sie mit dem Öl. Lassen Sie das Fleisch für etwa 3 Stunden ziehen. Spülen Sie das Fleisch anschließend ab und wenden Sie es im verquirlten Ei.

2 Vermischen Sie das Mehl mit dem Salz und wenden Sie das Fleisch anschließend in der Mehlmischung. Erhitzen Sie das Fett in einer Pfanne und braten Sie das Fleisch von beiden Seiten darin gut durch.

HÄHNCHEN-ZWIEBEL-KÄSE-PFANNE

 4 Port.

 1 Std.

 Leicht

Zutaten

400 g gemischte Pilze (Edel-Reizker, Pfifferling, Rötelritterling)
100 ml Sahne
1 Zwiebel
5 Zweige Thymian
1 TL edelsüßes Paprikapulver
1 EL Buchweizenmehl
600 g Hähnchenbrustfilet
200 ml Geflügelfond
3 Frühlingszwiebeln
30 g geriebener Parmesan
2 Zweige gehackter Thymian
2 EL Butter
Pfeffer und Salz

Nährwerte p. P.

210 kcal
4 g Kohlenhydrate
17 g Fett
6 g Eiweiß

1 Schneiden Sie das Hähnchenbrustfilet in grobe Stücke und salzen Sie die Stücke. Waschen Sie die Pilze und schneiden Sie sie in Viertel. Schälen und würfeln Sie die Zwiebel, schneiden Sie die Frühlingszwiebel in Ringe.

2 Erhitzen Sie 1 EL Butter in einer Pfanne und braten Sie das Hähnchen darin an. Nehmen Sie die Stücke dann aus der Pfanne. Nehmen Sie etwas Hitze weg und geben Sie die Butter in das Bratfett.

3 Geben Sie die Kräuter, das Paprikapulver, die Zwiebel und Frühlingszwiebeln dazu, schwitzen Sie alles etwas an und erhöhen Sie die Temperatur wieder. Geben Sie jetzt die Pilze dazu und braten Sie sie für 2 Minuten, bestäuben Sie sie mit etwas Mehl.

4 Löschen Sie die Menge mit Geflügelfond und Sahne ab. Lassen Sie die Menge dann für 8 Minuten köcheln.

5 Geben Sie nun das Hähnchen mit dem Bratensaft zu den Pilzen und lassen Sie alles zusammen für 5 Minuten köcheln. Rühren Sie den Parmesan unter und schmecken Sie mit Pfeffer und Salz ab. Rühren Sie zwischendurch um. Kochen Sie alles, bis die Soße richtig eingedickt ist.

DEFTIGES HÄHNCHEN IN ROTWEIN

4 Port.

50 Min.

Leicht

Zutaten

6 Zwiebeln
Pfeffer und Salz
1 Prise Muskat
1 EL Buchweizenmehl
300 g Reifpilze am Stück
50 ml Cognac
Je 1 EL gehacktes Basilikum und Thymian
1 kg Hühnchen in Stücken
2 EL Butter
120 g Speck
500 ml Rotwein

Nährwerte p. P.

386 kcal
12 g Kohlenhydrate
26 g Fett
4 g Eiweiß

1 Zerteilen Sie zunächst das Fleisch in 8 Stücke. Schälen Sie die Zwiebeln und schneiden Sie sie in Ringe. Schneiden Sie den Speck in kleine Würfel.

2 Schmelzen Sie die Butter in einem großen Topf und schwitzen Sie die Zwiebeln darin an. Rühren Sie Pilze und Speck darin an und braten Sie alles einige Minuten an. Nehmen Sie dann alles aus dem Topf und stellen Sie es zur Seite.

3 Braten Sie jetzt das Fleisch im Bratfett an und bestäuben Sie es nach 5 Minuten mit Mehl. Gießen Sie dann mit Cognac und Rotwein an und rühren Sie die Kräuter hinein. Würzen Sie mit Muskat, Pfeffer und Salz.

4 Decken Sie den Topf ab und lassen Sie das Fleisch für 25 Minuten garen. Rühren Sie dann Speck, Zwiebeln und Pilze dazu und dünsten Sie alles zusammen für 10 Minuten.

PANHAS

3 Port. | 1 Tag | Leicht

Zutaten

Für das Fleisch:
½ kg Blutwurst
½ kg gekochtes Eisbein
½ kg gekochter Schweinebauch

Für die Gewürze:
9 g gemahlener Piment
12 g gemahlener, schwarzer Pfeffer
12 g gemahlener Muskat
60 g Salz

Zudem:
Buchweizenmehl
1,5 Liter Kochsud

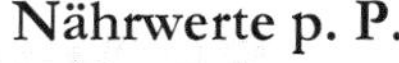

Nährwerte p. P.

322 kcal
22 g Kohlenhydrate
21 g Fett
11 g Eiweiß

1 Kochen Sie das Eisbein und das Bauchfleisch, bis sich das Fleisch vom Knochen löst (etwa 2 Stunden). Das Fleisch sollte durchgehend mit Wasser bedeckt sein. Bewahren Sie den Sud für später auf.

2 Wiegen Sie das Fleisch zusammen mit der Blutwurst ab und wolfen Sie es. Geben Sie das Fleisch dann mit dem Sud sowie den Gewürzen in einen Topf und verrühren Sie die Menge.

3 Erhitzen Sie die Menge (nicht kochen) und rühren Sie, bis die Masse zu einem festen Brei wird. Spülen Sie die Masse mit kaltem Wasser ab und geben Sie sie in eine Kastenform. Lassen Sie alles für 1 Tag auskühlen. Stürzen Sie den Panhas dann in Scheiben.

PANIERTE SCHWEINESCHNITZEL

4 Port.

30 Min.

Leicht

Zutaten

1 EL Margarine
Pfeffer und Salz
100 g Semmelbrösel
Etwas Buchweizenmehl
Etwas Milch
1 Ei
4 Schweineschnitzel

Nährwerte p. P.

349 kcal
23 g Kohlenhydrate
11 g Fett
39 g Eiweiß

1 Streuen Sie zunächst das Mehl auf einen Teller. Verrühren Sie die Milch mit dem Ei und geben Sie die Mischung in einen etwas tieferen Teller. Vermischen Sie das Salz mit dem Paniermehl (Semmelbrösel) und geben Sie die Mischung auf einen dritten Teller.

2 Salzen und pfeffern Sie nun Ihre Schweineschnitzel von beiden Seiten und wenden Sie sie zuerst im Buchweizenmehl. Anschließend wenden Sie die Schnitzel in der Milchmischung. Zuletzt ziehen Sie die Schnitzel beidseitig durch die Semmelbrösel, drücken die Semmelbrösel leicht fest und nehmen die Schnitzel heraus. Lassen Sie die überschüssigen Brösel herunterfallen.

3 Lassen Sie die Margarine in einer Pfanne schmelzen und braten Sie die Schnitzel darin goldbraun.

4 Als Beilage können Sie leckere Kräuterkartoffeln servieren. Schälen Sie die Kartoffeln und schneiden Sie sie in Viertel. Wenden Sie die Kartoffeln in einer beliebigen Kräutermischung mit Pfeffer und Salz. Backen Sie die Ofenkartoffeln dann für 20 Minuten bei 200° C Umluft im vorgeheizten Backofen.

HÜHNCHENFLEISCH IM BACKTEIG

4 Port. 50 Min. Leicht

Zutaten

1 Prise Salz
1 Prise gemahlener Pfeffer
500 ml Pflanzenöl
500 g Hähnchebrust

Für den Teig:
1 EL Sonnenblumenöl
½ TL Salz
240 ml Milch
3 Eier, Größe M
140 g Weizenmehl Type 405
100 g Buchweizenmehl

Nährwerte p. P.

355 kcal
19 g Kohlenhydrate
17 g Fett
25 g Eiweiß

1 Trennen Sie zunächst die Eier, geben Sie das Eiweiß in eine Schüssel und schlagen Sie es Steif. Geben Sie das Eigelb in eine weitere Schüssel und vermischen Sie es mit ½ TL Salz, Milch sowie beiden Mehlen. Rühren Sie alles zu einem glatten Teig.

2 Rühren Sie das Sonnenblumenöl in den Teig hinein und lassen Sie den Teig für 15 Minuten ruhen. Anschließend heben Sie den Eischnee unter die Teigmasse.

3 Waschen Sie das Fleisch und tupfen Sie es trocken. Schneiden Sie das Fleisch in Streifen und würzen Sie es beidseitig mit Pfeffer und Salz. Erhitzen Sie das Öl in einer Pfanne.

4 Ziehen Sie jetzt die Fleischstreifen durch die Teigmasse und backen Sie es nach und nach in der Pfanne aus, etwa 5 Minuten pro Portion. Nehmen Sie die fertigen Fleischstreifen hinaus und lassen Sie sie auf einem Küchenpapier abtropfen.

HAMBURGER-SCHNITZE

2 Port.

40 Min.

Leicht

Zutaten

Für die Schnitzel:
60 g Butter
200 ml Sonnenblumenöl
Etwas Pfeffer aus der Mühle und Salz
150 g Paniermehl
30 g Buchweizenmehl
2 Eier
300 g Schweinerücken

Zudem:
1 Zitrone
Pfeffer und Salz
2 Eier
1 El Sonnenblumenöl
1 EL Butter

Nährwerte p. P.

281 kcal
18 g Kohlenhydrate
13 g Fett
23 g Eiweiß

1 Schneiden Sie zunächst zwei Schnitzel aus dem Fleisch und geben Sie sie in je einen Gefrierbeutel. Klopfen Sie die Schnitzel beidseitig mit dem Fleischklopfer weich.

2 Verquirlen Sie die Eier mit einer Gabel und geben Sie das Buchweizenmehl auf einen Teller. Geben Sie auch das Paniermehl auf einen Teller.

3 Würzen Sie Ihre Schnitzel von beiden Seiten mit Pfeffer und Salz, wenden Sie sie dann der Reihenfolge nach in Buchweizenmehl, Eiermasse und Paniermehl. Drücken Sie das Paniermehl gut an.

4 Erhitzen Sie eine Pfanne mit Sonnenblumenöl und backen Sie Ihre Schnitzel darin goldgelb aus. Legen Sie die Schnitzel anschließend auf ein Küchenpapier.

5 Geben Sie dann die Butter in die Pfanne und schäumen Sie sie auf. Geben Sie die Schnitzel für je 1 Minute in die schäumende Butter, lassen Sie sie dann erneut abtropfen.

6 Zerlassen Sie jetzt 1 El Butter und 1 EL Sonnenblumenöl in der Pfanne. Schlagen Sie beide Eier vorsichtig in die Pfanne und würzen Sie sie mit Pfeffer und Salz. Garen Sie sie für etwa 5 Minuten, nehmen Sie dann die Pfanne vom Herd.

7 Richten Sie die Schnitzel auf Tellern an und belegen Sie sie mit den Spiegeleiern. Waschen Sie die Zitrone und schneiden Sie sie in Scheiben. Richten Sie sie rund um die Schnitzel an.

KLÖßE UND RINDERGULASCH

4 Port.

2 Std. 15 Min.

Leicht

Zutaten

3 EL Milch
75 g Butter
1 TL Backpulver
175 g Buchweizenmehl
50 g Gouda
½ Bund Schnittlauch
Etwas Chili, Pfeffer und Salz
1 Liter Gemüsebrühe
1 Dose gehackte Tomaten (425 ml)
1 EL Tomatenmark
2 EL Sonnenblumenöl
800 g Rindfleisch (aus der Keule)
2 Zwiebeln
1 gelbe und 2 rote Paprikaschote

Nährwerte p. P.

700 kcal
39 g Kohlenhydrate
34 g Fett
52 g Eiweiß

1 Waschen und entkernen Sie zunächst die Paprika, schneiden Sie sie dann in Streifen. Schälen Sie die Zwiebeln und schneiden Sie diese ebenfalls in Streifen. Waschen und trocknen Sie das Fleisch. Erhitzen Sie das Öl portionsweise in einem Bräter und garen Sie das Fleisch darin portionsweise für je 5 Minuten gar. Wenden Sie zwischendurch und würzen Sie mit Salz.

2 Geben Sie dann das komplette Fleisch mit Paprika und Zwiebeln in den Bräter, schwitzen Sie die Menge kurz an und geben Sie dann die Tomaten sowie die Brühe dazu. Kochen Sie die Menge auf, legen Sie einen Deckel auf den Bräter und schmoren Sie die Menge für 1 ½ Stunden im vorgeheizten Backofen bei 150° C Umluft. Würzen Sie anschließend mit Chili, Salz und Pfeffer.

3 Waschen und trocknen Sie die Schnittlauch und schneiden Sie ihn in feine Röllchen. Raspeln Sie den Käse und vermischen Sie den Käse dann mit dem Mehl, Backpulver, Butter und Milch. Kneten Sie alles zu einer geschmeidigen Teigmasse. Formen Sie jetzt etwa 10 Klöße daraus und drücken Sie sie leicht flach.

4 Nehmen Sie den Deckel vom Bräter und geben Sie die Klöße für die letzten 30 Minuten der Garzeit auf einen Stew.

Gerichte mit Fisch

SPAGHETTI MIT FISCHFILET UND STEINPILZEN

4 Port.

20 Min.

Leicht

Zutaten

1 Knoblauchzehe
Je ½ Bund Schnittlauch und Petersilie
250 g Fischfilet
4 EL Öl
100 ml Weißwein
Pfeffer und Salz
20 g getrocknete Steinpilze
1 Zwiebel
250 g Lachsfilet
1 El Buchweizenmehl
200 ml Gemüsebrühe
500 g Spaghetti

Nährwerte p. P.

245 kcal
31 g Kohlenhydrate
1 g Fett
25 g Eiweiß

1 Weichen Sie zunächst die Pilze für 20 Minuten in lauwarmes Wasser ein. Schälen und würfeln Sie Zwiebel und Knoblauch. Waschen und hacken Sie Schnittlauch und Petersilie. Schneiden Sie die Filets in mundgerechte Stücke.

2 Erhitzen Sie das Öl in einer Pfanne und dünsten Sie Knoblauch und Zwiebel darin an. Lassen Sie die Pilze abtropfen, geben Sie sie mit in die Pfanne und braten Sie sie für 5 Minuten an.

3 Geben Sie dann den Fisch dazu und vermischen Sie ihn mit den anderen Zutaten. Streuen Sie dann das Mehl darüber und gießen Sie mit der Brühe und dem Wein an.

4 Heben Sie jetzt die Petersilie unter die Menge, lassen Sie alles für 10 Minuten köcheln und würzen Sie mit Pfeffer und Salz. Garen Sie die Nudeln wie üblich in Salzwasser gar.

5 Richten Sie zuletzt Nudeln und Fischfilet Pfanne auf vier Tellern an und garnieren Sie alles mit dem Schnittlauch.

LACHS MIT PILZEN UND SPINAT

4 Port.

30 Min.

Leicht

Zutaten

4 Lachsfilets
2 Knoblauchzehen
Etwas Olivenöl
100 ml Kokosmilch
1 Prise geriebene Muskatnuss
500 g Pfifferlinge
1 rote Chilischote
250 g Spinat
1 Zitrone
Pfeffer und Salz
2 EL Buchweizenmehl

Nährwerte p. P.

120 kcal
5 g Kohlenhydrate
2 g Fett
21 g Eiweiß

1 Waschen Sie zunächst die Pilze und schneiden Sie sie in Scheiben. Schälen Sie den Knoblauch und schneiden Sie auch diesen in Scheiben.

2 Waschen Sie den Lachs mit kaltem Wasser ab, tupfen Sie ihn trocken und würzen Sie mit Pfeffer und Salz. Erhitzen Sie jetzt etwas Olivenöl in einer Pfanne und geben Sie die Filets, mit der Haut nach unten zeigend, in die Pfanne. Braten Sie die Filets knusprig.

3 Nehmen Sie etwas Hitze weg, wenden Sie die Filets und garen Sie sie fertig. Nehmen Sie die Filets aus der Pfanne und lassen Sie sie ruhen.

4 Geben Sie nun Knoblauch und Pilze in die gleiche Pfanne und braten Sie beides scharf an, bis die Pilze braun sind. Gießen Sie dann mit Kokosmilch sowie 100 ml Wasser an. Geben Sie nach und nach den Spinat dazu.

5 Würzen Sie hier mit Muskatnuss, Pfeffer und Salz und schmecken Sie mit etwas Zitronensaft ab. Binden Sie die Soße mit dem Buchweizenmehl.

6 Zum Servieren legen Sie den Lachs zurück in die Pfanne.

BUCHWEIZENMEHL-FORELLE

42 Port.

40 Min.

Leicht

Zutaten

Etwas Thymian
½ Zitrone in Scheiben
Etwas Zitronensaft
Je 1 Prise Pfeffer und Meersalz
Etwas Öl
150 ml Milch
150 g Buchweizenmehl
4 Forellen

Nährwerte p. P.

103 kcal
1 g Kohlenhydrate
3 g Fett
20 g Eiweiß

1 Waschen Sie zunächst die Forellen und beträufeln Sie die Fische mit etwas Zitronensaft und würzen Sie mit dem Pfeffer. Geben Sie die Milch in eine Schüssel und salzen Sie sie leicht. Tauchen Sie dir Forellen in die Milch ein. Geben Sie auch das Buchweizenmehl in eine Schüssel oder auf einen tiefen Teller und wenden Sie die Forellen darin.

2 Erhitzen Sie etwas Öl in einer Pfanne und braten Sie die Forellen etwa 4 Minuten lang von jeder Seite darin. Garnieren Sie die fertigen Forellen mit etwas Thymian sowie den Zitronenscheiben.

BUCHWEIZEN-FISCH-GEMÜSE

4 Port. | 1 Std. 15 Min. | Leicht

Zutaten

Etwas grobes Meersalz
1 TL Walnussöl
60 g Crème fraîche
50 g Rucola
Je 1 Prise gemahlener Kreuzkümmel und Kurkuma
1500 ml Gemüsebrühe
1 EL Pflanzenöl
400 g Buchweizen
1 große Pastinake
2 gelbe Möhren
1 Zwiebel
Pfeffer und Salz
4 Lachfilets
1 Zitrone

Nährwerte p. P.

572 kcal
80 g Kohlenhydrate
13 g Fett
32 g Eiweiß

1 Waschen Sie zunächst die Zitrone, reiben Sie etwas Schale ab und pressen Sie den Saft aus. Waschen Sie die Lachfilets, tupfen Sie sie trocken und beträufeln Sie sie mit dem Zitronensaft. Würzen Sie beide Seiten mit Pfeffer und Salz. Stellen Sie die Filets vorübergehend kalt.

2 Schälen und würfeln Sie die Zwiebel. Schälen Sie Pastinake und Möhren und schneiden Sie sie klein. Geben Sie die Buchweizen in ein Sieb und überbrühen Sie sie mit heißem Wasser.

3 Geben Sie Buchweizen und Gemüse in einen Topf mit heißem Öl und schwitzen Sie die Menge an. Löschen Sie dann mit 1000 ml Gemüsebrühe ab. Kochen Sie die Menge auf und lassen Sie die 20 Minuten lang köcheln. Würzen Sie dann mit Kurkuma, Kümmel, Zitronenabrieb sowie Pfeffer und Salz.

4 Bringen Sie die übrige Gemüsebrühe zum Sieden und pochieren Sie Lachsfilets darin. Waschen und trockenen Sie den Rucola, schneiden Sie die harten Stiele ab. Geben Sie den Rucola sowie die Crème fraîche zum Gemüse und schmecken Sie erneut ab.

5 Nehmen Sie die Lachfilets aus dem Sud, geben Sie das Gemüse auf die Teller und beträufeln Sie es mit etwas Öl. Legen Sie die Lachfilets darauf. Garnieren Sie mit dem Rucola, etwas Meersalz sowie einem Kleks der Crème fraîche.

FISCH-BUCHWEIZENMEHL-MUFFINS

4 Port.

30 Min.

Leicht

Zutaten

70 g Parmesan
1 Ei
1 Dose Thunfisch
½ Bund Petersilie
1 Karotte
2 Tassen Wasser
1 Tasse Buchweizenmehl

Nährwerte p. P.

120 kcal
5 g Kohlenhydrate
2 g Fett
21 g Eiweiß

1 Schälen und raspeln Sie zunächst die Karotte. Waschen und trocknen Sie die Petersilie, hacken Sie sie dann klein. Zerdrücken Sie den Thunfisch mit einer Gabel.

2 Geben Sie jetzt 50 g Parmesan, Thunfisch, Ei, Petersilie, Karotte und Buchweizenmehl in eine Schüssel und vermischen Sie die Menge gründlich. Füllen Sie sie dann in Muffinformen.

3 Backen Sie ihre Fisch-Muffins für 20 Minuten bei 180° C Umluft im vorgeheizten Backofen. Bestreuen Sie die fertigen Muffins mit dem übrigen Parmesan.

LACHS-FLADEN

4 Port.

30 Min.

Leicht

Zutaten

Pfeffer und Salz
1 EL Dill
1 Spritzer Zitronensaft
50 g Frischkäse
100 g Crème fraîche
150 g Räucherlachs
1 Prise Salz
2 Eier
50 g Butter
350 ml lauwarme Vollmilch
20 g frische Hefe
150 g Buchweizenmehl
100 g Weizenmehl

Nährwerte p. P.

416 kcal
19 g Kohlenhydrate
8 g Fett
12 g Eiweiß

1 Sieben Sie zunächst beide Mehle in eine Schüssel und bilden Sie mittig eine Mulde. Bröseln Sie die Hefe in die Mulde hinein und übergießen Sie sie mit etwas lauwarmer Milch. Bedecken Sie die Hefe mit etwas Mehl und lassen Sie alles für 30 Minuten gehen.

2 Schmelzen Sie die Butter und lassen Sie sie abkühlen. Geben Sie Butter, Mehl, Salz und Eier zusammen und kneten Sie die Menge zu einem Teig. Lassen Sie diesen weitere 30 Minuten gehen.

3 Fetten Sie nun eine beschichtete Pfanne mit Butter ein und backen Sie je eine Kelle Teig zu einem kleinen Fladen aus. Halten Sie die fertigen Fladen im Backofen bei 75° C warm.

4 Vermischen Sie jetzt die Crème fraîche mit dem Dill, dem Zitronensaft und Frischkäse. Würzen Sie die Creme mit Pfeffer und Salz. Belegen Sie die kleinen Fladen dann mit dem Räucherlachs und streichen Sie die Creme darüber.

RÄUCHERLACHSROLLE

 4 Port.  40 Min.  Leicht

Zutaten

Für die Lachsrollen:
2 EL Öl
1 EL Essig
50 g Wildkräutersalat
Pfeffer und Salz
3 EL Kräuter
1 Zitrone
300 g Frischkäse mit Meerrettich
500 g Räucherlachs

Für die Pfannkuchen:
180 g Buchweizenmehl
1 Prise Salz
350 ml Milch
3 Eier

Nährwerte p. P.

290 kcal
14 g Kohlenhydrate
12 g Fett
21 g Eiweiß

1 Bereiten Sie zunächst die Pfannkuchen vor. Heizen Sie den Backofen auf 180° C Umluft vor und legen Sie ein Backblech mit eingefettetem Backpapier bereit. Geben Sie Milch, Eier und Salz in eine Schüssel und verrühren Sie die Menge. Geben Sie dann das Mehl dazu und rühren Sie es unter.

2 Füllen Sie den Teig auf das Backblech und schwenken Sie es, damit der der Teig verteilt. Backen Sie den Teig für 17 Minuten auf der mittleren Schiene. Anschließen stürzen Sie den Teig auf ein zweites Blech und lassen ihn abkühlen.

3 Für die Lachsrollen waschen Sie nun die Zitrone, reiben die Schale ab und pressen den Saft aus. Vermischen Sie Zitronenschale, Zitronensaft, Salz und Pfeffer mit den Kräutern. Rühren Sie die Menge unter den Frischkäse.

4 Bestreichen Sie Ihren Teig nun zu Zweidrittel mit dem Frischkäse und legen Sie den Räucherlachs großzügig darauf. Rollen Sie den Teig auf und wickeln Sie die Rolle stramm mit Frischhaltefolie ein. Legen Sie die Rolle für 30 Minuten in den Kühlschrank. Anschließend schneiden Sie die Rolle in beliebig dicke Scheiben.

5 Machen Sie den Wildkräuter Salat mit Essig, Öl sowie Salz und Pfeffer an und servieren Sie ihn zu ihren Räucherlachsrollen.

Vegetarische und vegane Gerichte

BUCHWEIZEN-GEMÜSEPFANNE MIT SOJABOHNEN

4 Port.

40 Min.

Leicht

Zutaten

4 Eier
Je 1 EL Rapsöl und Sesamöl
¼ TL Sambal Olek
1 EL Zitronensaft
3 EL Sojasoße
30 g Aprikosenmarmelade
¼ TL Koriander
150 g Sojabohnen
300 g Brokkoli
Etwas Pfeffer und Salz
1 EL Balsamessig
300 g Rotkohl
200 g Buchweizen

Nährwerte p. P.

406 kcal
50 g Kohlenhydrate
13 g Fett
21 g Eiweiß

1 Spülen Sie die Buchweizen mit Wasser ab und geben Sie sie dann mit der doppelten Menge Salzwasser in einen Topf. Lassen Sie die Buchweizen 20 Minuten lang garen.

2 Waschen Sie den Rotkohl und hobeln Sie ihn klein. Würzen Sie mit Balsamessig, Pfeffer und Salz, kneten Sie die Menge und lassen Sie sie ziehen.

3 Waschen Sie den Brokkoli und garen Sie ihn mit den Sojabohnen für 10 Minuten in Salzwasser bissfest. Gießen Sie beides ab und würzen Sie mit Pfeffer, Salz und Koriander. Halten Sie die Menge warm.

4 Vermischen Sie die Marmelade mit 5 EL Wasser, Sesamöl, Sambal Olek, Zitronensaft und Sojasoße. Geben Sie das Rapsöl in eine Pfanne und braten Sie bei mittlerer Hitze 4 Spiegeleier darin. Würzen Sie mit Pfeffer und Salz.

5 Richten Sie jetzt alle Zutaten in 4 Schalen an, träufeln Sie die Soße darüber und servieren Sie alles mit den Spieleiern.

BUCHWEIZEN-PFANNKUCHEN

8 Port.

40 Min.

Leicht

Zutaten

½ TL Backpulver
1 Prise Salz
2 mittelgroße Eier
350 g Buchweizenmehl
400 ml Milch
1 TL Zucker

Nährwerte p. P.

227 kcal
28 g Kohlenhydrate
10 g Fett
6 g Eiweiß

1 Vermischen Sie zunächst das Buchweizenmehl mit dem Backpulver. Rühren Sie dann den Zucker, das Salz sowie die Milch hinein. Schlagen Sie die Eier auf und rühren Sie diese ebenfalls in die Menge. Verrühren Sie die Massen und lassen Sie den Tag für 20 Minuten quellen.

2 Erhitzen Sie etwas Öl in einer beschichteten Pfanne auf mittlerer Stufe. Geben Sie dann je eine Kelle Teig hinein und backen Sie die Pfannkuchen nacheinander aus, etwa 3 Minuten pro Seite.

HEIDENSTERZ AUS BUCHWEIZENMEHL

4 Port.

30 Min.

Leicht

Zutaten

600 ml Wasser
40 g Schmalz
400 g Buchweizenmehl
1 Prise Salz

Nährwerte p. P.

315 kcal
50 g Kohlenhydrate
10 g Fett
7 g Eiweiß

1 Geben Sie das Mehl in eine tiefe Pfanne und rösten Sie es ohne Fett bei niedriger Hitze. Rühren Sie dabei ständig.

2 Kochen Sie währenddessen das Wasser auf und geben Sie das Salz dazu.

3 Sobald das Buchweizenmehl nussig riecht, geben sie den Schmalz dazu. Gießen Sie dann nach und nach das Wasser dazu und rühren Sie währenddessen, sodass kleine Stücke entstehen.

4 Anschließend lassen Sie alles abgedeckt für etwa 15 Minuten lang ziehen. Schalten Sie den Herd bereits aus und nutzen Sie die Nachwärme dafür.

5 Vor dem Servieren lockern Sie den Heidensterz nochmals auf.

SESAM-BUCHWEIZEN-GEMÜSE

2 Port.

50 Min.

Leicht

Zutaten

1 Prise Salz
4 EL Sesam
400 g Brokkoli
½ Zitrone
200 g Joghurt
60 g Buchweizen
3 EL Currypulver
300 g Bundmöhren
3 EL Butter
1 Knoblauchzehe
1 Prise Pfeffer aus der Mühle

Nährwerte p. P.

310 kcal
23 g Kohlenhydrate
8 g Fett
5 g Eiweiß

1 Spülen Sie zunächst die Buchweizen ab, geben Sie sie in Salzwasser und garen Sie sie für 10 Minuten bissfest. Lassen Sie sie abtropfen und würzen Sie sie mit 1 EL Curry sowie Salz.

2 Rösten Sie den Sesam in einer Pfanne ohne Fett., nehmen Sie sie heraus und lassen Sie sie abkühlen, zerkleinern Sie 3 EL davon mit einem Mörser.

3 Waschen Sie das Gemüse, tupfen Sie es trocken und schneiden Sie alles in mundgerechte Stücke. Garen Sie die Möhren für 5 Minuten in Salzwasser, geben Sie dann den Brokkoli dazu. Nehmen Sie beides hinaus und spülen Sie es ab. Rösten Sie Möhren und Brokkoli dann in einer Pfanne ohne Fett.

4 Lassen Sie nun die Butter in einer Pfanne schmelzen. Waschen Sie die Zitrone, pressen Sie den Saft aus und reiben Sie die Schale ab. Geben Sie beides mit dem zerkleinerten Sesam sowie dem übrigen Currypulver zusammen und geben Sie es in die geschmolzene Butter. Heben Sie die Buchweizen und das Gemüse unter und bestreuen Sie alles mit dem übrigen Sesam.

5 Schälen und hacken Sie den Knoblauch, vermischen Sie ihn mit dem Joghurt. Würzen Sie mit Pfeffer und Salz. Servieren Sie das Gemüse mit dem Dip.

BUCHWEIZEN RUSSISCHER ART

4 Port.

35 Min.

Leicht

Zutaten

1 TL Butter
500 ml Wasser
1 Prise Meersalz
1 Lorbeerblatt
1 Tasse Buchweizen

Nährwerte p. P.

70 kcal
11 g Kohlenhydrate
2 g Fett
1 g Eiweiß

1 Bringen Sie zunächst Wasser in einem Topf zum Kochen. Geben Sie den Buchweizen in eine Schüssel und spülen Sie ihn mehrmals mit kaltem Wasser ab. Anschließend geben Sie Buchweizen und alle übrigen Zutaten in das kochende Wasser.

2 Lassen Sie dann alles für 10 Minuten kochen und anschließend weitere 15 Minuten lang köcheln, beziehungsweise so lange, bis das Wasser aufgesogen wurde. Eine geringe Feuchtigkeit sollte jedoch bleiben.

BUCHWEIZEN-NUDELTEIG

6 Port.

50 Min.

Leicht

Zutaten

4 TL Salz
220 ml Wasser
100 g Weizenmehl Type 405
320 g Buchweizenmehl

Nährwerte p. P.

316 kcal
77 g Kohlenhydrate
2 g Fett
11 g Eiweiß

1 Geben Sie beide Mehle auf eine Arbeitsfläche und drücken Sie eine Mulde hinein. Geben Sie dann die Eier sowie das Salz dazu. Verquirlen Sie die Eier und rühren Sie nach und nach das Mehl, von außen nach innen, in die Eier hinein.

2 Vermischen Sie die Zutaten nun gründlich, sodass ein krümeliger Teig entsteht. Formen Sie die Brösel zu einem Klumpen.

3 Kneten Sie den Teig jetzt zu einer homogenen Masse. Drücken Sie den Teig dafür mit den Handballen nach vorn und ziehen Sie ihn wieder zurück. Kneten Sie den Teig, bis er sich geschmeidig anfühlt, mindestens aber 8 Minuten lang.

4 Geben Sie den Teig dann in Frischhaltefolie und lassen Sie ihn für 30 Minuten ruhen.

5 Nun ist der Teig fertig und muss nur noch zu Nudeln verarbeitet werden.

FRITTATEN AUS BUCHWEIZENMEHL

6 Port. 30 Min. Leicht

Zutaten

50 ml Rapsöl
100 g Buchweizenmehl
Etwas Salz
250 ml Milch
2 Eier

Nährwerte p. P.

215 kcal
18 g Kohlenhydrate
13 g Fett
5 g Eiweiß

1 Verrühren Sie die Milch, die Eier sowie das Salz in einem Messbecher und rühren Sie dann das Buchweizenmehl unter. So entsteht ein dünnflüssiger Teig.

2 Erhitzen Sie das Öl in einer Pfanne, füllen Sie den Teig portionsweise hinein und schwenken Sie die Pfanne so, dass der Pfannenboden vollständig mit Teig bedeckt ist.

3 Backen Sie den Teig beidseitig goldbraun, nehmen Sie ihn dann aus der Pfanne. Rollen Sie den Teig nun auf und schneiden Sie ihn in Streifen. Richten Sie die Streifen in Suppentellern an und übergießen Sie die Frittaten mit Suppe Ihrer Wahl.

KARTOFFELPUFFER AUS BUCHWEIZENMEHL

4 Port.

20 Min.

Leicht

Zutaten

Pfeffer und Salz
1 EL Olivenöl
70 ml Sojamilch
2 Eier
50 g glattes Buchweizen-vollkornmehl
350 g Kartoffeln

Nährwerte p. P.

98 kcal
12 g Kohlenhydrate
4 g Fett
3 g Eiweiß

1 Schälen und waschen Sie die Kartoffeln. Schneiden Sie die Kartoffeln grob klein und zerkleinern Sie sie weiterhin in einem Mixer. Geben Sie dann die Milch, die Eier sowie das Mehl hinzu. Würzen Sie die Menge mit Pfeffer und Salz.

2 Backen Sie nun je einen Kartoffelpuffer auf 1 EL Öl in einer Pfanne aus. Wenden Sie die Kartoffelpuffer nach 2 Minuten. Der Teig ergibt etwa 8 durchschnittliche Kartoffelpuffer.

SPINAT-TALEGGIO-SCHMARRN

4 Port.

30 Min.

Leicht

Zutaten

Für den Schmarrn:
200 g Taleggio (Pfefferbeeren)
40 g Butter
100 g Mehl
150 g Buchweizenmehl
250 ml Milch
4 Eier

Für den Spinat:
Etwas Pfeffer und Salz
20 g Butter
½ Knoblauchzehe
1 Schalotte
500 g frischer Spinat

Nährwerte p. P.

157 kcal
21 g Kohlenhydrate
5 g Fett
5 g Eiweiß

1 Waschen und verlesen Sie die Spinatblätter. Schälen und würfeln Sie den Knoblauch sowie die Schalotte. Erhitzen Sie dann die Butter in einem Topf und dünsten Sie Knoblauch und Schalotte darin glasig an.

2 Geben Sie den Spinat tropfnass dazu und lassen Sie ihn im geschlossenen Topf für 3 bis 5 Minuten zusammenfalten. Schmecken Sie dann mit Pfeffer und Salz ab.

3 Für den Schmarrn trennen Sie zunächst die Eier. Verrühren Sie die Milch mit den Eigelben, geben Sie dann 1 Prise Salz sowie beide Mehle dazu. Verrühren Sie alles mit einem Schneebesen und lassen Sie die Menge für 15 Minuten quellen.

4 Schlagen Sie derweil das Eiweiß mit 1 Prise Salz steif und heben Sie es unter den fertigen Teig. Lassen Sie eine beschichtete Pfanne heiß werden und schmelzen Sie die Butter darin. Geben Sie den Teig hinein und lassen Sie ihn bei niedriger Hitze in der Pfanne stocken.

5 Geben Sie jetzt etwas Butter seitlich in die Pfanne, sodass sie unter den Teig läuft. Wenden Sie den Teig dann. Reißen Sie den Teig mit zwei Holzlöffeln in Stücke und braten Sie ihn weiter.

6 Reiben Sie den Käse grob und geben Sie den Spinat zum Schmarrn. Bestreuen Sie jetzt alles mit dem Käse. Legen Sie den Deckel auf die Pfanne und lassen Sie den Käse für etwa 3 Minuten verlaufen. Zerdrücken Sie die Pfefferbeeren und garnieren Sie den Schmarrn damit.

BUCHWEIZEN-KNÖDEL

42 Port.

40 Min.

Leicht

Zutaten

15 g Butter
1 TL Kümmel
½ Bund Radieschen
Etwas Pfeffer und Salz
Je 20 g Buchweizenmehl und Dinkel-Vollkornmehl
100 ml Milch
2 Eier
20 g Petersilie
140 g Graukäse
150 g schnittfestes Vollkorn-Dinkel-Baguette
1 EL Apfeldicksaft
2 EL Olivenöl
2 EL Apfelessig
600 g Weißkohl

Nährwerte p. P.

451 kcal
38 g Kohlenhydrate
23 g Fett
22 g Eiweiß

1 Waschen Sie den Weißkohl und entfernen Sie den Strunk. Hobeln Sie die Blätter dann in feine Streifen. Kneten Sie die Blätter in Öl, Essig, ¼ TL Salz sowie dem Apfeldicksaft und lassen Sie die Menge dann für 1 Stunde ziehen.

2 Würfeln Sie inzwischen das Baguette, sowie den Käse und geben Sie beides in eine Schüssel. Waschen und trocknen Sie die Petersilie, hacken Sie sie dann klein.

3 Vermischen Sie die Milch mit den Eiern und geben Sie die Mischung, sowie beide Mehle und die Petersilie zu den Baguette-Würfeln. Verkneten Sie alle Zutaten zu einem Teig und lassen Sie diesen 15 Minuten lang ruhen. Waschen Sie die Radieschen und schneiden Sie sie in Scheiben. Geben Sie die Radieschen zum Krautsalat und würzen Sie mit Pfeffer, Salz und Kümmel.

4 Formen Sie aus dem Teig nun 8 etwa gleichgroße Knödel und drücken Sie diese leicht platt. Erhitzen Sie die Butter in einer Pfanne und braten Sie die Knödel darin von beiden Seiten goldbraun. Servieren Sie Ihre Knödel auf dem Krautsalat.

WÜRZIGE BUCHWEIZEN-PIZZA

1 Port.

1,5 Std.

Leicht

Zutaten

Für den Belag:
Gemischte Kräuter (Basilikum, Thymian, Oregano)
1 Pck. Tomatensoße

Für den Teig:
1 Prise Zucker
250 ml lauwarmes Wasser
1 Prise Salz
1 Schuss Olivenöl
1 Pck. Trockenhefe
500 g Buchweizenmehl

Nährwerte p. P.

215 kcal
18 g Kohlenhydrate
13 g Fett
5 g Eiweiß

1 Bereiten Sie zunächst den Teig zu. Vermischen Sie hierfür alle Teig-Zutaten und kneten Sie den Teig zu einer einheitlichen Masse. Legen Sie den Teig in eine Schüssel, decken Sie diese ab und lassen Sie den Teig stehen, bis sich die Menge verdoppelt hat (etwa 1 Stunde).

2 Erhitzen Sie den Backofen auf 200° C Ober-/Unterhitze. Rollen Sie den Teig anschließend aus und geben Sie ihn auf ein Backblech mit Backpapier.

3 Vermischen Sie jetzt die gemischten Kräuter mit Pfeffer, Salz und Tomatensoße und streichen Sie die Menge auf ihren Teig. Backen Sie Ihre Pizza dann für 25 Minuten im vorgeheizten Ofen.

SLOWENISCHER BUCHWEIZEN-AUFLAUF

4 Port.

30 Min.

Leicht

Zutaten

Etwas Öl
100 g Frischkäse
200 ml Sauerrahm
Etwas Salz
2 Eier
1 Liter Milch
400 g Buchweizen

Nährwerte p. P.

215 kcal
18 g Kohlenhydrate
13 g Fett
5 g Eiweiß

1 Waschen Sie zunächst die Buchweizen und lassen Sie sie trocknen. Salzen Sie die Milch und kochen Sie diese auf. Geben Sie die Buchweizen in die Milchmenge und lassen Sie sie für 20 Minuten kochen, sodass die Buchweizen aufquellen. Lassen Sie sie anschließend abkühlen.

2 Rühren Sie die Eier schaumig, geben Sie dann den Frischkäse sowie den Sauerrahm dazu und vermengen Sie die Masse. Heizen Sie den Backofen auf 180 °C Umluft vor und bestreichen Sie eine Auflaufform mit Öl.

3 Vermischen Sie nun die Buchweizenmenge mit der Eiermasse und geben Sie alles in die Auflaufform hinein. Backen Sie den Auflauf für 20 Minuten im vorgeheizten Backofen, bis sich eine Kruste auf der Oberfläche bildet.

BUCHWEIZENRISOTTO MIT CHAMPIGNONS UND NÜSSEN

4 Port.

50 Min.

Leicht

Zutaten

2 EL gehackte Haselnüsse
50 g geriebener Parmesan
2 Frühlingszwiebeln
50 g Rucola
2 EL Balsamico
1 EL Apfeldicksaft
Pfeffer und Salz
1 TL Thymian
500 g Champignons
300 g rote Zwiebeln
400 ml Gemüsebrühe
1 gewürfelte Zwiebel
200 g Buchweizen

Nährwerte p. P.

515 kcal
23 g Kohlenhydrate
18 g Fett
9 g Eiweiß

1 Spülen Sie zunächst die Buchweizen ab und lassen Sie sie abtropfen. Dünsten Sie die Zwiebelwürfel in einer Pfanne in Öl an, geben Sie dann die Buchweizen dazu und dünsten Sie sie für 2 Minuten mit. Löschen Sie mit der Gemüsebrühe ab. Lassen Sie die Menge dann für 20 Minuten köcheln.

2 Vierteln Sie währenddessen die geputzten Champignons und schneiden Sie die roten Zwiebeln in Scheiben. Braten Sie beides in heißem Öl in einer Pfanne an und geben Sie dann den Thymian dazu. Schmecken Sie jetzt mit Pfeffer und Salz ab. Geben Sie dann den Apfeldicksaft dazu und lassen Sie die Menge karamellisieren. Löschen Sie mit Balsamico ab und halten Sie die Menge warm.

3 Waschen Sie den Rucola sowie die Frühlingszwiebeln und schneiden Sie die Zwiebeln in Ringe. Richten Sie die Buchweizen auf Tellern an, geben Sie den Rucola sowie das Champignon-Gemüse dazu und legen Sie die Zwiebelringe auf. Garnieren Sie mit dem geriebenen Käse sowie den gehackten Nüssen.

LINSEN-BLINIS

4 Port.

1 Std.
20 Min.

Leicht

Zutaten

½ Bund Schnittlauch
3 EL Joghurt
15 g Hefe
1 TL Agavendicksaft
200 g Buchweizenmehl
1 EL Öl
1 EL Senf
100 g Linsen
300 ml warmes Wasser

Nährwerte p. P.

299 kcal
51 g Kohlenhydrate
4 g Fett
14 g Eiweiß

1 Bereiten Sie die Linsen nach Anleitung vor und gießen Sie sie in einem Sieb ab. Vermengen Sie die Linsen dann mit 1 EL Öl sowie Senf in einer Schüssel. Würzen Sie mit Pfeffer und Salz.

2 Vermischen Sie das Mehl mit 1 Prise Salz sowie dem warmen Wasser. Geben Sie die Hefe, Agavendicksaft und den Joghurt dazu und rühren Sie alles zu einem Teig. Decken Sie die Menge ab und lassen Sie sie 50 Minuten lang ziehen.

3 Rühren Sie den Teig anschließend erneut durch und erhitzen Sie etwas Öl in einer Pfanne. Backen Sie die Blinis bei mittlerer Hitze aus. Würzen Sie die Linsen-Mischung mit Pfeffer und Salz nach und streichen Sie sie auf die Blinis. Waschen und hacken Sie den Schnittlauch und garnieren Sie ihre Blinis damit.

BOLOGNESE MIT BUCHWEIZEN

1 Port. 40 Min. Leicht

Zutaten

1 Prise Jodsalz und Pfeffer
1 Prise Oregano
2 Wacholderbeeren
40 g Vollkornnudeln
1 TL Olivenöl
50 g Champignons
30 g Knollensellerie
50 g Möhren
1 Knoblauchzehe
1 Zwiebel
150 g Tomaten (1 Dose)
1 Prise Gemüsebrühe
30 g Buchweizen

Nährwerte p. P.

383 kcal
56 g Kohlenhydrate
8 g Fett
15 g Eiweiß

1 Kochen Sie den Buchweizen mit der doppelten Menge an Wasser auf und lassen Sie die Körner bei niedriger Hitze quellen, bis das Wasser aufgesogen wurde.

2 Verrühren Sie die Dosentomaten mit dem Gemüsebrühe Pulver. Waschen Sie das Gemüse und schälen Sie es mit Knoblauch und Zwiebeln, anschließend würfeln Sie alles. Putzen Sie die Champignons und schneiden Sie sie in Scheiben.

3 Erhitzen Sie jetzt das Öl in einem Topf und dünsten Sie Knoblauch und Zwiebel darin glasig an. Geben Sie die Champignons, Sellerie und Möhren dazu und dünsten Sie diese mit.

4 Löschen Sie die Menge dann mit den Dosentomaten ab, geben Sie nach Bedarf etwas Wasser dazu. Geben Sie die Wacholderbeeren dazu und lassen Sie alles für 20 Minuten köcheln. Garen Sie währenddessen die Nudeln wie üblich in Salzwasser gar.

5 Nehmen Sie die Wacholderbeeren aus der Soße hinaus und geben Sie den Buchweizen dazu. Würzen Sie mit Pfeffer, Salz und Oregano. Nun können Sie ihre Soße mit den fertigen Nudeln servieren.

VEGANE PANCAKES

2 Port.

30 Min.

Leicht

Zutaten

Für die Pancakes:
Etwas Kokosöl
5 EL Wasser
2 EL gemahlene Leinsamen
1 Prise Salz
½ Pck. Backpulver
1 EL Ahornsirup
½ reife Banane
150 ml Wasser
100 g Buchweizenmehl

Für die Soße:
55 g Frischkäse
15 g gerösteter, schwarzer Sesam
1 El Ahornsirup
100 ml pflanzliche Milch

Nährwerte p. P.

382 kcal
39 g Kohlenhydrate
23 g Fett
1 g Eiweiß

1 Vermischen Sie das Salz, das Backpulver und das Mehl in einer Schüssel. Geben Sie die Leinsamen in 5 EL Wasser und lassen Sie sie kurz ziehen. Geben Sie die geschälte Banane mit 150 ml Wasser in einen Mixer und pürieren Sie die Menge.

2 Geben Sie die Banane, die Leinsamen und den Ahornsirup zu den trockenen Zutaten, verrühren Sie die Menge und lassen Sie sie kurz stehen.

3 Geben Sie alle Zutaten für die Soße in einen Mixer und mixen Sie sie schön cremig. Erhitzen Sie das Kokosöl in einer Pfanne und backen Sie Ihre Pancakes darin von beiden Seiten aus.

4 Servieren Sie die Pancakes noch warm und reichen Sie Ihre Sesam-Soße dazu an.

PANIERTE AUBERGINEN

4 Port.

30 Min.

Leicht

Zutaten

Etwas Sonnenblumenöl zum Braten
Etwas Pfeffer und Salz nach Geschmack
1 Prise grobes Meersalz
Ein Handvoll Semmelbrösel
Buchweizenmehl nach Bedarf
2 Eier
500 g Auberginen

Nährwerte p. P.

252 kcal
45 g Kohlenhydrate
4 g Fett
10 g Eiweiß

1 Waschen Sie die Auberginen und entfernen Sie die Stiele. Schneiden Sie dann etwa 1 cm breite Scheiben daraus. Verteilen Sie die Scheiben auf einem Rost und lassen Sie sie etwa 30 Minuten lang abtropfen. Bestreuen Sie sie grob mit Meersalz.

2 Nach der Ruhezeit spülen Sie das Meersalz leicht ab und tupfen die Auberginen mit Küchenpapier trocken.

3 Bereiten Sie jetzt drei Schüsseln vor und geben Sie Mehl, Eier und Semmelbrösel getrennt hinein. Würzen Sie das Ei mit etwas Pfeffer und Salz.

4 Wenden Sie die Auberginen nun zuerst im Mehl, dann in der Eiermenge und zuletzt in den Semmelbröseln.

5 Erhitzen Sie das Sonnenblumenöl in einer Pfanne und braten Sie die Auberginen von beiden Seiten je 2 Minuten an, bis sie eine schöne Bräunung annehmen. Lassen Sie sie anschließend auf einem Backpapier etwas abtropfen.

LAUCHGEMÜSE

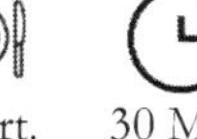

2 Port. 30 Min. Leicht

Zutaten

Pfeffer und Salz
2 EL süße Sahne
125 ml Gemüsebrühe
150 ml Milch
20 g Buchweizenmehl
20 g Margarine
300 g Lauch

Nährwerte p. P.

222 kcal
14 g Kohlenhydrate
15 g Fett
6 g Eiweiß

1 Putzen Sie zunächst den Lauch und schneiden Sie ihn gleichmäßig in Ringe. Geben Sie die Margarine in eine Pfanne und lassen Sie sie schmelzen. Geben Sie dann den Lauch in die Pfanne, legen Sie einen Deckel auf und dünsten Sie den Lauch für etwa 15 Minuten.

2 Streuen Sie jetzt das Mehl über die Menge, löschen Sie mit der Milch ab und gießen Sie mit der Brühe an. Kochen Sie alles zusammen auf. Zuletzt gießen Sie die Sahne dazu und schmecken das Lauchgemüse mit Pfeffer und Salz ab.

Fingerfood und Snacks

WAFFELN MIT BUCHWEIZEN

4 Port.

20 Min.

Leicht

Zutaten

2 EL Speisestärke
1 Prise Salz
150 g weiche Butter
2 EL Kokosblütenzucker
1 Ei
200 g Buchweizenmehl
1 TL Backpulver
2 TL Ceylon-Zimt
1 Pck. Bourbon-Vanillezucker
300 g Apfelmus

Nährwerte p. P.

291 kcal
33 g Kohlenhydrate
14 g Fett
8 g Eiweiß

1 Vermischen Sie zunächst den Zimt, das Salz, Backpulver, Mehl und Stärke miteinander. Rühren Sie die Butter mit Vanille und Zucker schaumig, geben Sie dann das Ei hinzu und verrühren Sie alles gründlich.

2 Fügen Sie dann die Mehlmischung sowie das Apfelmus nach und nach hinzu und rühren Sie die Menge zu einem glatten Teig. Lassen Sie den Teig fünf Minuten ruhen. Nun backen Sie die Waffeln in einem Waffeleisen nach und nach aus.

BUCHWEIZEN-BUTTERKEKSE

4 Port.

1,5 Std.

Leicht

Zutaten

200 g Butter
1 Prise Salz
300 g Buchweizenmehl
100 g Puderzucker

Nährwerte p. P.

406 kcal
50 g Kohlenhydrate
13 g Fett
21 g Eiweiß

1 Verkneten Sie einfach alles Zutaten zu einem homogenen Teig, drücken Sie ihn etwas flache und legen Sie ihn für 1 Stunde in den Kühlschrank. Heizen Sie den Backofen dann auf 180° C Ober-/Unterhitze vor.

2 Lassen Sie den Teig wieder auf Zimmertemperatur aufwärmen und rollen Sie ihn aus. Stechen Sie die Kekse beliebig aus und legen Sie sie auf ein Backblech mit Backpapier. Backen Sie die Kekse dann für 10 Minuten im vorgeheizten Backofen.

BUCHWEIZEN KARAMELLISIERT

2 Port.

30 Min.

Leicht

Zutaten

1 Prise Meersalz
1 Prise Bourbon Vanille
3 El Kokosblütenzucker
1 EL Ghee
120 g Buchweizen

Nährwerte p. P.

340 kcal
70 g Kohlenhydrate
2 g Fett
10 g Eiweiß

1 Heizen Sie den Backofen auf 210° C Umluft vor.

2 Geben Sie die Buchweizen in eine Pfanne und vermischen Sie sie mit Salz, Vanille, Kokosblütenzucker und Ghee. Rösten Sie alles für 2 Minuten bei mittlerer Hitze an.

3 Verteilen Sie die zuckrigen Buchweizen nun auf einem Backblech mit Backpapier und backen Sie sie für etwa 15 Minuten im Backofen. Schauen Sie zwischendurch nach, ob die Buchweizen nicht anbrennen, die Backzeit kann variieren.

4 Lassen Sie die Buchweizen abkühlen und bewahren Sie sie in einem luftdichten Behälter auf. Hervorragend geeignet, um Desserts jeder Art zu garnieren.

DATTELKEKSE

4 Port.

1 Std. 20 Min.

Leicht

Zutaten

Für die Füllung:
3 EL Orangensaft
200 g Soft-Datteln

Für den Teig:
60 g Buchweizen
150 g Buchweizenmehl
1 Ei
Etwas Salz
½ TL Orangenschale
50 g Zucker
125 g weiche Butter

Nährwerte p. P.

84 kcal
11 g Kohlenhydrate
4 g Fett
1 g Eiweiß

1 Geben Sie eine Prise Salz, die Orangenschale, Zucker und Butter zusammen und schlagen Sie die Menge schaumig. Geben Sie das Mehl und 50 g der Buchweizen dazu und heben Sie beides unter die Eiermasse.

2 Füllen Sie den Teig in einen Spritzbeutel und spritzen Sie etwa 4 cm lange Streifen auf ein Backblech mit Backpapier. Bestreuen Sie die Streifen mit den übrigen Buchweizen und drücken Sie sie leicht an.

3 Backen Sie Ihre Kekse für etwa 12 Minuten bei 160° C Umluft im vorgeheizten Backofen.

4 Zerkleinern Sie währenddessen die Datteln grob und hacken Sie sie mit einem Blitzhacker zu einer Paste. Rühren Sie den Orangensaft unter die Paste. Geben Sie die Paste ebenfalls in einen Spritzbeutel und bestreichen Sie die Hälfte der Kekse auf der Rückseite damit. Setzten Sie die übrigen Kekse auf die Paste.

BUCHWEIZEN-ZIMTKRINGEL

6 Port.

55 Min.

Leicht

Zutaten

2 EL Zimt
50 g gemahlene Haselnüsse
2 Eier
1 Prise Salz
2 TL Backpulver
260 g kalte, gestückelte Butter
200 g Rohrzucker
70 g Weizenvollkornmehl
180 g Buchweizenmehl

Nährwerte p. P.

100 kcal
10 g Kohlenhydrate
7 g Fett
1 g Eiweiß

1 Geben Sie beide Mehle, 140 g Butter, 100 g Zucker, Salz, Backpulver und Eier zusammen und verkneten Sie alle zügig zu einem Teig. Stellen Sie den Teig abgedeckt für 2 Stunden im Kühlschrank kalt.

2 Erwärmen Sie die übrige Butter leicht und rühren Sie Zimt, Zucker und Haselnüsse hinein, bis eine gleichmäßige Masse entsteht.

3 Formen Sie den kalten Teig zu einer Kugel und rollen Sie diese rechteckig aus. Verstreichen Sie dann die Zimtmasse darauf. Rollen Sie den Teig anschließend auf und beginnen Sie bei der kürzeren Seite. Packen Sie die Teigrolle dann in Folie ein und frieren Sie diese für 2 bis 3 Stunden ein.

4 Heizen Sie den Backofen auf 180 ° C vor. Nehmen Sie den gefrorenen Teig heraus, entfernen Sie die Folie und schneiden Sie etwa 40 Scheiben daraus. Legen Sie die Scheiben auf ein Backblech mit Backpapier und backen Sie sie im warmen Ofen für etwa 12 Minuten.

ERDBEER-BÄLLCHEN

6 Port. 55 Min. Leicht

Zutaten

30 g Erythrit
15 g entöltes Mandelmehl
100 g wilde Erdbeeren
25 g weiche Butter
1 TL Zitronensaft

Nährwerte p. P.

34 kcal
1 g Kohlenhydrate
3 g Fett
1 g Eiweiß

1 Waschen Sie die Erdbeeren, entfernen Sie den Strunk und geben Sie sie in einen Topf. Lassen Sie die Beeren für etwa 15 Minuten bei geringer Hitze köcheln. Rühren Sie zwischendurch um.

2 Geben Sie die Beeren dann, zusammen mit dem Mandelmehl sowie dem Erythrit in einen Mixer und pürieren Sie alles zu einer gleichmäßigen Masse. Füllen Sie die Masse dann in eine Schüssel und rühren Sie den Zitronensaft sowie die Butter hinein. Rühren noch einmal gründlich um. Stellen Sie nun alles für 10 Minuten in ein Gefrierfach.

3 Holen Sie die Menge dann wieder heraus und formen Sie sie zu 8 kleinen, etwa gleichgroßen Bällchen. Nach Bedarf können Sie die Bällchen nun noch einmal durch etwas Erythrit rollen.

4 Vor dem Genuss stellen Sie die Bällchen für etwa 30 Minuten im Kühlschrank kalt. Dort bleiben sie für etwa 5 Tage haltbar.

KONFEKT

4 Port.

1 Std.

Leicht

Zutaten

Etwas Schoko Soße zum Dippen
4 EL Zucker
1 EL Zimt
1 Ei
135 g Buchweizenmehl
250 ml Wasser
½ TL Salz
2 EL Zucker
60 g Butter

Nährwerte p. P.

382 kcal
33 g Kohlenhydrate
14 g Fett
8 g Eiweiß

1 Heizen Sie ein Waffeleisen vor. Geben Sie Wasser, Salz, Zucker und Butter in einen Topf und bringen Sie alles zum Simmern, bis sich der Zucker aufgelöst hat. Füllen Sie die Menge in eine Schüssel um.

2 Geben Sie dann das Mehl dazu und verrühren Sie alles zu einem glatten Teig. Lassen Sie den Teig etwas abkühlen, rühren Sie dann das Ei darunter.

3 Fetten Sie das Waffeleisen ein und geben Sie dann je 1 TL Teig in eine Herzform. Backen Sie das Konfekt nach und nach aus. Vermischen Sie Zimt und Zucker und wälzen Sie das Konfekt darin. Servieren Sie die warme Schoko Soße dazu.

Desserts

APFELKUCHEN

 12 Port.

 50 Min.

 Leicht

Zutaten

200 g Zucker
200 g Buchweizenmehl
150 g gemahlene Mandeln
5 Äpfel
6 Eier
200 g weiche Butter
30 g Speisestärke
3 TL Backpulver
150 ml Ahornsirup

Nährwerte p. P.

434 kcal
23 g Kohlenhydrate
8 g Fett
8 g Eiweiß

1 Schlagen Sie zunächst die Eier zusammen mit dem Zucker schaumig. Schlagen Sie dann die Butter löffelweise hinein. Sieben Sie das Mehl sowie die Stärke und vermischen Sie beides mit den gemahlenen Mandeln sowie dem Backpulver.

2 Geben Sie diese Mischung löffelweise unter die Eimenge und rühren Sie alles zu einem geschmeidigen Teig.

3 Waschen und vierteln Sie nun die Äpfel. Schneiden Sie das Kerngehäuse schräg heraus. Geben Sie den Teig jetzt in eine etwa 20 cm große Springform und verteilen Sie die Äpfel kreisrund darauf. Drücken Sie sie dabei leicht an.

4 Backen Sie den Kuchen für 30 Minuten bei 180° C Umluft im vorgeheizten Backofen.

CRÊPES MIT VOLLMILCH

4 Port.

50 Min.

Leicht

Zutaten

100 ml Vollmilch
2 Eier Größe M
2 EL Sonnenblumenöl
200 g Buchweizenmehl
100 ml Wasser
1 Prise Salz

Nährwerte p. P.

275 kcal
41 g Kohlenhydrate
9 g Fett
7 g Eiweiß

1 Verrühren Sie Salz, Eier, Wasser, Milch und Mehl mit einem Schneebesen in einer Schüssel zu einem glatten Teig. Lassen Sie den Teig anschließend etwa 30 Minuten quellen.

2 Erhitzen Sie jetzt etwas Öl in einer Pfanne und backen Sie portionsweise 8 Crêpes von beiden Seiten goldbraun. Auf mittlerer Hitze dauert dies etwa 5 Minuten pro Seite.

3 Erhitzen Sie dann die Schokolade in einem Wasserbad, streichen Sie sie auf die Crêpes und rollen Sie diese auf.

COOKIES

4 Port.

1 Std.

Leicht

Zutaten

110 g Buchweizenmehl
125 g Reismehl
50 g Speisestärke
2 Eier
2 g Zimt
5 g Fleur de sel
220 g zimmerwarme Butter
300 g Roh-Rohrzucker
100 g gestiftelte Mandeln
100 g ungeschälte Haselnüsse
125 g Kuvertüre mit 60 % Kakaoanteil

Nährwerte p. P.

471 kcal
63 g Kohlenhydrate
21 g Fett
6 g Eiweiß

1 Hacken Sie zunächst die Kuvertüre. Rösten Sie die Haselnüsse sowie die Mandeln in einer Pfanne ohne Fett. Reiben Sie dann die Schale der Haselnüsse etwas ab und hacken Sie die Nüsse. Stellen Sie je 30 g der Mandeln und Nüsse für später zur Seite.

2 Geben Sie jetzt den Zimt, das Salz, die Butter und den Zucker in einer Schüssel und schlagen Sie die Menge schaumig. Rühren Sie dann die Eier hinein und fügen Sie anschließend Buchweizen- und Reismehl hinzu.

3 Verkneten Sie alles zu einem gleichmäßigen Teig. Kneten Sie dann die übrigen Mandeln und Nüsse sowie die Kuvertüre in den Teig und stellen Sie ihn für 30 Minuten kalt.

4 Heizen Sie den Backofen auf 190° C Umluft vor und bereiten Sie ein Backblech mit Backpapier vor. Geben Sie den Teig nun Löffelweise mit ausreichend Abstand auf das Backblech und backen Sie die Cookies für etwa 7 Minuten. Drehen Sie das Blech einmal herum und backen Sie die Kekse für weitere 10 Minuten bei 170° C.

5 Nehmen Sie die Cookies aus dem Ofen und garnieren Sie sie mit den übrigen Mandeln und Nüssen. Nach Bedarf geben Sie noch etwas Fleur de sel auf die Kekse.

BUCHWEIZEN-QUARK MIT SPECK

2 Port. 30 Min. Leicht

Zutaten

Etwas Speck
Etwas Salz
2 Eier
1200 g Quark
400 ml Milch
800 ml Buchweizenmehl

Nährwerte p. P.

740 kcal
110 g Kohlenhydrate
27 g Fett
16 g Eiweiß

1 Verrühren Sie zunächst den Quark mit den Eiern sowie etwas Salz. Vermischen Sie das Mehl mit der Milch, kneten Sie den Teig und formen Sie ihn zu kleinen Teigtaschen. Backen Sie die Teigtaschen auf einem Backblech mit Backpapier bei 180° C Umluft für 20 Minuten im vorgeheizten Backofen.

2 Befüllen Sie die Teigtaschen mit der Quarkmenge. Schneiden Sie den Speck in kleine Würfel und lassen Sie ihn in einer Pfanne aus. Servieren Sie den Speck zu ihren Teigtaschen.

PUDDINGKUCHEN

5 Port.

2 Std. 10 Min.

Leicht

Zutaten

1 Pck. Vanillepuddingpulver
800 g wilde Mirabellen
100 g gemahlene Mandeln
150 g Zucker
1 Ei
400 ml Milch
60 g Zucker
200 g Buchweizenmehl
1 Prise Salz
1 Pck. Bourbon Vanillezucker
Etwas Puderzucker und Butter

Nährwerte p. P.

398 kcal
35 g Kohlenhydrate
12 g Fett
9 g Eiweiß

1 Bringen Sie zunächst die Milch in einem Topf zum Kochen, rühren Sie dann 5 EL der Milch mit dem Zucker sowie dem Puddingpulver zusammen und geben Sie die Mischung in den Topf. Stellen Sie die Milch dann zur Seite.

2 Heizen Sie den Backofen auf 180° C Umluft vor und fetten Sie eine Springform ein. Waschen und trocknen Sie die Mirabellen und entfernen Sie die Kerne. Halbieren Sie die Beeren und legen Sie sie zur Seite.

3 Vermischen Sie das Mehl mit dem Salz und den Mandeln in einer Schüssel. Geben Sie nach und nach Butter, Ei und Vanillezucker dazu und verarbeiten Sie die Menge mit den Händen zu einem Streuselkuchen.

4 Geben Sie zwei Drittel der Menge in die Springform und rücken Sie die Streusel leicht an. Formen Sie einen Rand von etwa 3 cm Höhe. Geben Sie dann den Pudding auf den Teig und streichen Sie ihn glatt. Oben darauf verteilen Sie nun die Mirabellen. Bedecken Sie jetzt alles mit den übrigen Streuseln. Backen Sie den Kuchen nun für etwa 35 Minuten.

5 Nehmen Sie die Form aus dem Ofen und lösen Sie den Rand. Lassen Sie den Kuchen für 60 Minuten abkühlen.

SÜßES SOUFLÉ

2 Port. 45 Min. Leicht

Zutaten

1 ½ EL Buchweizen-mehl
150 g Steinpilze
Pfeffer, Salz und Majoran
60 g geriebener, mittelalter Gouda
3 EL Butter
125 ml Milch
1 Schalotte
2 Eier

Nährwerte p. P.

204 kcal
12 g Kohlenhydrate
10 g Fett
10 g Eiweiß

1 Erhitzen Sie 2 EL Butter in einer Pfanne und streuen Sie das Mehl darüber. Dünsten Sie die Menge unter Rühren an. Rühren Sie dann die Milche hinein, pfeffern Sie die Menge und lassen Sie alles für 5 Minuten köcheln. Lassen Sie die Soße jetzt abkühlen.

2 Waschen Sie die Pilze und schneiden Sie sie in klein. Schälen und würfeln Sie die Schalotte. Dünsten Sie die Schalotte in der übrigen Butter an und geben Sie dann die Pilze dazu. Würzen Sie mit Pfeffer, Salz und Majoran sobald die Flüssigkeit verdampft ist. Pürieren Sie die Menge jetzt.

3 Heizen Sie den Backofen auf 160° C Ober- Unterhitze vor und fetten Sie 4 Förmchen ein.

4 Trennen Sie die Eier und schlagen Sie Eiweiß und eine Prise Salz steif. Vermischen Sie die Eigelbe mit dem Pilzpüree. Mischen Sie den Püree dann nach und nach unter die Soße. Heben Sie jetzt ¼ des Eischnees mit einem Schneebesen darunter.

5 Geben Sie den übrigen Schnee obendrauf und streuen Sie den Käse darüber. Heben Sie nun alles locker unter die Soße. Befüllen Sie jetzt die Förmchen und backen Sie Ihr Soufflé für 30 Minuten im Backofen.

FRUCHT-MUFFINS

2 Port.

45 Min.

Leicht

Zutaten

125 g Zucker
1 Ei
200 ml Naturjoghurt
½ Pck. Backpulver
50 g gehackte Mandeln
1 Pck. Vanillezucker
60 ml Rapsöl
250 g Buchweizenmehl
200 g frische Johannisbeeren

Nährwerte p. P.

266 kcal
37 g Kohlenhydrate
11 g Fett
5 g Eiweiß

1 Waschen Sie zunächst die Früchte und lassen Sie sie abtropfen. Rühren Sie das Ei mit dem Vanillezucker sowie dem Zucker schaumig. Fügen Sie dann den Joghurt und das Öl hinzu.

2 Vermischen Sie das Mehl mit den Mandeln und dem Backpulver und heben Sie die Menge den Eischaum. Jetzt rühren Sie langsam die vorbereiteten Beeren unter den Teig.

3 Füllen Sie den Teig nun gleichmäßig in die 12 Formen hinein. Backen Sie Ihre Muffins für 20 Minuten auf 160° C Umluft im vorgeheizten Backofen.

Getränke

SMOOTHIE MIT SPINAT UND RADIESCHEN

2 Port.

25 Min.

Leicht

Zutaten

1 Handvoll Spinat
1 Apfel
1 TL brauner Zucker
1 Radieschen
1 EL Buchweizenkraut
1 Handvoll Radieschensprossen
1 Banane
½ Zitrone (den Saft davon

Nährwerte p. P.

37 kcal
8 g Kohlenhydrate
0 g Fett
1 g Eiweiß

1 Geben Sie zunächst das Buchweizenkraut in 250 ml kochendes Wasser und lassen Sie es für 3 Minuten kochen. Nehmen Sie es vom Herd und lassen Sie es für 10 Minuten ziehen. Gießen Sie es durch ein Sieb und lassen Sie den Tee abkühlen. Waschen Sie die halbe Zitrone und pressen Sie den Saft aus.

2 Brausen Sie die Sprossen und den Spinat ab. Waschen Sie den Apfel, entkernen Sie ihn und schneiden Sie ihn klein. Schälen und zerkleinern Sie die Banane. Geben Sie nun Tee, Zitronensaft, Zucker, Sprossen, Spinat, Apfel und Banane in einen Mixer und pürieren Sie die Menge fein. Geben Sie Wasser nach Bedarf dazu.

3 Füllen Sie den Smoothie in die Gläser. Waschen Sie das Radieschen, schneiden Sie es in Stifte und verteilen Sie die Stifte ebenfalls auf die Gläser.

BUCHWEIZENMILCH SELBST MACHEN

 3 Port.

 8 Std.

Leicht

Zutaten

150 g Buchweizen
1 Liter Wasser
Mulltuch
Süßungsmittel (Honig/ Dattelpaste)

Nährwerte p. P.

51 kcal
8 g Kohlenhydrate
1 g Fett
2 g Eiweiß

1 Weichen Sie zunächst die Buchweizen für mindestens 6 bis 8 Stunden in Wasser ein. Schütten Sie dann das Wasser ab und geben Sie die Buchweizen mit einem Liter frischem Wasser, sowie dem Süßungsmittel in einen Standmixer und mixen Sie die Menge für etwa 2 Minuten.

2 Filtern Sie die Flüssigkeit jetzt durch ein Mulltuch und fangen Sie die fertige Milch auf. Jetzt müssen Sie die Milch nur noch auf 2 bis 3 Gläser aufteilen oder in eine saubere Flasche umfüllen.

BUCHWEIZEN-FRUCHT-SHAKE

2 Port.

8 Std.

Leicht

Zutaten

300 ml Mandelmilch
1 reife Banane
1 EL Sesam
1 TL Zimt
1 Prise Salz
3 EL Buchweizen
100 ml kaltes Wasser
3 entkernte Datteln
40 g Nüsse
Etwas geriebener Kardamom

Nährwerte p. P.

112 kcal
18 g Kohlenhydrate
3 g Fett
4 g Eiweiß

1 Weichen Sie die Buchweizen über Nacht in Wasser ein, gießen Sie sie anschließend ab und spülen Sie sie mit frischem Wasser ab. Geben Sie alle Zutaten zusammen in einen Mixer und pürieren Sie die Menge für mindestens 1 Minute.

2 Genießen Sie den Shake noch am selben Tag. Nach Bedarf geben Sie noch einige Eiswürfel hinzu.

GRÜNER SMOOTHIE MIT BUCHWEIZEN

2 Port.

10 Min.

Leicht

Zutaten

Frischer Ingwer
250 ml Buttermilch
2 TL geschrotete Leinsamen
1 Spritzer Zitronensaft
1 Brennnesselblatt
2 Kohlrabiblätter
1 saurer Apfel
1 Banane
2 Blätter Grünkohl
2 EL Buchweizenkeimlinge

Nährwerte p. P.

142 kcal
26 g Kohlenhydrate
7 g Fett
2 g Eiweiß

1 Waschen und vierteln Sie zunächst das Obst, entfernen Sie die Kerne. Waschen Sie Grünkohl, Brennnessel und Kohlrabi. Schneiden Sie das Obst sowie das Gemüse jetzt in grob in Stücke und geben Sie alle Zutaten in einen Mixer.

2 Mixen Sie die Menge für etwa 1 Minuten richtig schaumig und servieren Sie ihren vitaminhaltigen, gesunden Smoothie frisch.

Soßen

ZWIEBEL-SOẞE

2 Port. 15 Min. Leicht

Zutaten

250 g Pfifferlinge
300 ml Milch
Etwas edelsüßes Paprikapulver
Etwas Butterschmalz
1 kleine Zwiebel
2 EL Buchweizenmehl
1 TL Gemüsebrühe
Etwas gehackte Petersilien

Nährwerte p. P.

220 kcal
19 g Kohlenhydrate
10 g Fett
12 g Eiweiß

1 Schälen und würfeln Sie zunächst die Zwiebel. Putzen Sie die Pilze und schneiden Sie sie in Viertel.

2 Zerlassen Sie nun das Butterschmalz in einer Pfanne, geben Sie die Zwiebeln dazu und schwitzen Sie diese an. Geben Sie die Pilze mit in die Pfanne, bestäuben Sie sie mit Mehl und löschen Sie dann mit der Milch ab. Würzen Sie hier mit dem Paprikapulver sowie der Gemüsebrühe.

3 Kochen Sie die Soße nun bis zur gewünschten Konsistenz ein. Würzen nochmals mit dem Paprikapulver, Pfeffer und Salz und schmecken Sie mit der gehackten Petersilie ab.

4 Dazu passen Spätzle oder weitere Nudeln sehr gut.

SAHNESOẞE

4 Port.

30 Min.

Leicht

Zutaten

1 gehackte Knoblauchzehe
30 g Butter
100 g Schinkenspeckwürfel
1 El Buchweizenmehl in Wasser
3 Prisen Pfeffer
½ Bund Basilikum (Blätter gezupft und geschnitten)
1 gehackte Zwiebel
300 g Austernpilze
200 g Sahne
½ TL Salz
1 TL Thymian

Nährwerte p. P.

257 kcal
21 g Kohlenhydrate
12 g Fett
16 g Eiweiß

1 Geben Sie zunächst die gehackte Zwiebel sowie den Knoblauch zusammen mit der Butter in eine Pfanne und dünsten Sie beides sowie die Speckwürfel in der Butter an.

2 Waschen Sie die Pilze und schneiden Sie sie nach Bedarf klein. Geben Sie die Pilze zur Zwiebel-Mischung und braten Sie sie mit an. Löschen Sie die Menge dann mit der Sahne ab und würzen Sie mit 1 Prise Pfeffer, Salz und Thymian.

3 Lassen Sie die Menge für einige Minuten köcheln und geben Sie dann das Mehlwasser zur Soße. Würzen Sie erneut mit 1 oder 2 Prisen Pfeffer. Lassen Sie die Soße zur gewünschten Konsistenz andicken und granieren Sie sie zuletzt mit den Basilikum Blättern.

WEIẞWEIN-RAHMSOẞE

4 Port.

30 Min.

Leicht

Zutaten

100 g Sauerrahm
Etwas Pfeffer und Salz
100 ml Bratensoße
100 ml Weißwein
1 El Buchweizenmehl
1 EL Öl
400 g Champignons

Nährwerte p. P.

398 kcal
1 g Kohlenhydrate
7 g Fett
4 g Eiweiß

1 Putzen Sie zunächst die Pilze und schneiden Sie sie in Scheiben. Erhitzen Sie das Öl in einer Pfanne und dünsten Sie die Pilze so lange darin, bis das Wasser vollständig verdampft ist. Streuen Sie dann das Mehl über die Pilze und verrühren Sie die Menge.

2 Löschen Sie die Menge mit dem Weißwein ab und binden Sie sie mit der Bratensoße. Lassen Sie die Soße leicht köcheln und schmecken Sie mit Pfeffer und Salz ab. Zuletzt heben Sie den Sauerrahm unter die Menge.

BUTTER-ZITRONEN-SOßE

4 Port.

40 Min.

Leicht

Zutaten

Je 1 Prise Salz und Pfeffer
1 Zitrone (den Saft davon)
50 g Butter
2 EL Buchweizenmehl
125 ml trockener Weißwein
300 ml Gemüsebrühe
1 Knoblauchzehe
2 kleine Zwiebeln

Nährwerte p. P.

318 kcal
2 g Kohlenhydrate
5 g Fett
3 g Eiweiß

1 Schälen und hacken Sie zunächst die Zwiebeln sowie den Knoblauch, dünsten Sie dann beides in Butter in einer Pfanne an. Geben Sie das Mehl über die Menge und vermischen Sie alles gründlich.

2 Löschen Sie mit der Gemüsebrühe sowie dem Weißwein ab. Waschen Sie die Zitrone und pressen Sie den Saft aus. Schmecken Sie dann mit Zitronensaft, Pfeffer und Salz ab und lassen Sie die Soße für 10 Minuten köcheln.

WÜRZIGE KÄSESOẞE

6 Port.

30 Min.

Leicht

Zutaten

Frischer, gehackter Schnittlauch
Pfeffer und Salz nach Bedarf
400 g Schmelzkäse
1 TL Gemüsebrühe
250 g Wasser
60 g Buchweizenmehl
60 g Butter

Nährwerte p. P.

429 kcal
9 g Kohlenhydrate
12 g Fett
7 g Eiweiß

1 Erhitzen Sie eine Pfanne und lassen Sie die Butter darin schmelzen. Geben Sie dann das Buchweizenmehl dazu, verrühren Sie die Menge und schwitzen Sie sie an.

2 Löschen Sie dann mit Wasser, Milch und Gemüsebrühe ab. Streuen Sie den Schmelzkäse in die Menge und lassen Sie alles köcheln, bis sich der Käse vollständig verflüssigt hat. Rühren Sie zwischendurch um.

3 Schmecken Sie die Soße mit Pfeffer und Salz ab und rühren Sie den gehackten Schnittlauch nach Bedarf hinein.

DEFTIGE DUNKLE SOẞE

4 Port.

30 Min.

Leicht

Zutaten

Etwas Fleischbrühe
Etwas Fleisch oder Essigsud
3 EL Buchweizenmehl
2 TL Zucker
5 EL Pflanzenöl
Gemischte Kräuter nach Belieben
Pfeffer und Salz

Nährwerte p. P.

46 kcal
1 g Kohlenhydrate
0 g Fett
1 g Eiweiß

1 Erhitzen Sie zunächst das Öl in einem Topf und geben Sie den Zucker hinein. Lassen Sie den Zucker unter Rühren karamellisieren. Geben Sie das Mehl dazu und lassen Sie es Farbe annehmen.

2 Füllen Sie dann mit beiden Flüssigkeiten nach Bedarf auf und lassen Sie die Soße bis zur gewünschten Konsistenz köcheln. Anschließen schmecken Sie die Soße mit Pfeffer und Salz ab und verfeinern Sie mit Kräutern Ihrer Wahl.

WÜRZIGE CURRY-SOẞE

1 Port.

30 Min.

Leicht

Zutaten

Curry, Salz und Pfeffer nach Belieben
100 ml Milch
100 ml Gemüsebrühe
30 g Butter
40 g Buchweizenmehl

Nährwerte p. P.

265 kcal
4 g Kohlenhydrate
3 g Fett
4 g Eiweiß

1 Geben Sie zunächst die Butter in einen Topf und lassen Sie sie schmelzen. Streuen Sie das Mehl hinein, verrühren Sie die Menge und schwitzen Sie sie an.

2 Geben Sie die Milch dazu und rühren Sie gründlich um, füllen Sie dann mit der Gemüsebrühe auf. Lassen Sie die Soße bis zur gewünschten Sämigkeit köcheln. Zuletzt schmecken Sie mit Pfeffer, Salz und Curry ab.

VEGANE, HELLE SOßE

4 Port.

20 Min.

Leicht

Zutaten

1 Prise gemahlene Muskatnuss
¼ TL Pfeffer
½ TL Salz
500 ml ungesüßte Sojamilch
2 ½ EL Buchweizenmehl
2 ½ EL Margarine

Nährwerte p. P.

121 kcal
8 g Kohlenhydrate
2 g Fett
3 g Eiweiß

1 Lassen Sie zunächst die Margarine in einem Topf schmelzen und geben Sie dann das Mehl dazu. Dünsten Sie die Menge für etwa 1 Minute an, rühren Sie währenddessen ununterbrochen.

2 Löschen Sie mit der Sojamilch ab und kochen Sie die Menge unter Rühren auf. Lassen Sie die Soße für 10 Minuten köcheln, bis die Soße deutlich eindickt. Schmecken Sie dann mit Muskatnuss, Salz und Pfeffer ab.